# OBSERVATIONS

## SUR

# L'ADMINISTRATION DES FINANCES.

IMPRIMERIE DE GUIRAUDET ET JOUAUST,
Rue Saint-Honoré, 315.

# OBSERVATIONS

## SUR

# L'ADMINISTRATION DES FINANCES

PENDANT LE GOUVERNEMENT DE JUILLET

ET SUR SES RÉSULTATS,

**En réponse aux Rapports de M. le Ministre des finances**

**Des 9 mars et 8 mai 1848,**

**Par M. Lacave-Laplagne.**



**PARIS,**

| AU COMPTOIR DES IMPRIMEURS-UNIS, | CHEZ GUIRAUDET ET JOUAUST, |
| --- | --- |
| Quai Malaquais, 15. | Rue Saint-Honoré, 315. |

1848

# OBSERVATIONS

sur

# L'ADMINISTRATION DES FINANCES

## PENDANT LE GOUVERNEMENT DE JUILLET

### ET SUR SES RÉSULTATS.

***

M. le ministre des finances, rendant compte à l'Assemblée nationale de son administration, a commencé son rapport en ces termes : « Vous connaissez l'histoire financière du gouvernement déchu. Chaque année, depuis dix-sept ans, les commissions du budget, la tribune, la presse, en ont exposé au pays les menaçantes phases. A peine entré aux affaires, j'en ai constaté les résultats : c'était la désorganisation érigée en système, et au bout du système la banqueroute. »

Il est impossible de porter une accusation plus grave. Ce ne sont pas les actes seulement qui sont attaqués, les intentions sont aussi mises en cause. Il s'est rencontré un gouvernement qui, *pendant dix-sept ans, a érigé la désorganisation en système;* qui, pendant tout ce temps, a trouvé des complices dans les hommes qui ont été successivement chargés du maniement des affaires. Il n'est pas un de ces hommes qui puisse rester indifférent à de pareilles imputations; mais il m'appartient, plus qu'à tout autre, de m'en émouvoir et de les repousser. C'est moi, en effet, qui, pendant la durée du dernier gouvernement, suis resté le plus long-temps à la tête de l'administration des finances, sept années sur dix-sept, cinq années sur les sept dernières, plus particulièrement incriminées dans un autre document, auquel le passage que j'ai cité fait allusion. Je veux parler du rapport présenté le 9 mars dernier par le même ministre au Gouvernement provisoire.

A l'époque où parut ce premier rapport, qui reçut une grande publicité, je m'étais demandé si je devais y répondre : cela m'était facile, ainsi qu'on pourra s'en convaincre bientôt. J'en avais certainement le droit, puisque je ne saurais refuser d'accepter, et que je me ferai toujours un honneur de revendiquer la responsabilité d'une grande partie des actes qui servaient de texte aux accusations. C'était peut-être aussi un devoir, car ma position me désignait naturellement pour parler au nom des autres comme au mien. Cependant, et quoiqu'il m'en coûtât de m'exposer au danger de laisser l'opinion publique s'égarer un moment, il me parut que je devais ajourner l'exercice de ce droit, l'accomplissement de ce devoir. Il me parut que des devoirs plus impérieux encore me prescrivaient ce sacrifice. Je sais que bien des personnes se sont étonnées de me voir garder un seul jour le silence; elles jugeront si les motifs de ma conduite ont été légitimes.

On ne l'a pas oublié, le présent était bien difficile, l'avenir bien sombre, au moment où le rapport du 9 mars fut publié. Si sa publication avait eu pour résultat de rétablir la confiance, de relever le crédit, j'aurais béni le Ciel et je me serais facilement consolé de ce que ce rap-

port pouvait avoir d'injuste et d'erroné. Evidemment le
ministre espérait ce miracle. On ne peut en douter lorsqu'on le voit déclarer que *le service des bons du trésor
est assuré*, et lorsqu'il admet la possibilité que le 5
pour 100 *dépasse le pair avant un mois*. Quelque éloigné que je fusse de partager sa confiance, devais - je
rien faire, rien dire qui pût atténuer l'effet de son
travail? Quels reproches ne m'aurait - on pas adressés
si, dans un intérêt qui m'était personnel, j'avais mis
obsacle à la réalisation du bien qu'on attendait! Quels
reproches ne me serais-je pas faits à moi—même si
j'avais pu penser qu'en élevant la voix pour me défen-
dre j'avais contribué, en quoi que ce fût, aux catastro-
phes financières et commerciales qui se sont succédé
si rapidement!

Je n'ignorais pas d'ailleurs que M. Garnier-Pagès dé-
fendait avec courage et énergie ce que je puis appeler,
relativement du moins, la cause de l'ordre et de la mo-
dération, et je me serais regardé comme bien coupable si,
par mes observations critiques, j'avais pu porter atteinte
à son influence et à son autorité.

Enfin, quelque vives et peu méritées que fussent les
imputations qui retombaient en très grande partie sur
moi, je ne me sentais pas poussé à une prompte réponse
par un sentiment d'irritation contre leur auteur. Je tenais
compte, d'une part, de la rapidité de son travail: c'était
moins de 48 heures après son entrée aux finances qu'il
exposait ses idées et ses projets; de l'autre, je rendais
justice à sa bonne foi; il répétait au Gouvernement provisoire ce qu'il avait dit plus d'une fois à la tribune, et la
distance qui séparait mes opinions politiques des siennes
ne m'avait pas empêché de reconnaître de tout temps la
loyauté de son caractère et la sincérité de ses convictions,

Mais si ces diverses considérations ont pu me conseil-
ler de différer quelque temps ma défense, elles ne me
condamnaient pas à rester toujours sous le coup des reproches adressés à une administration que j'ai long-temps
dirigée; elles ne pouvaient plus même m'arrêter du jour
où un document plus solennel encore que le premier, le
rapport du 8 mai à l'Assemblée nationale, a reproduit
ces reproches, et les a aggravés en incriminant les intentions. Démontrer que ces reproches ne sont pas fondés, que les difficultés actuelles de la situation financière
ne viennent pas de l'ancienne administration, c'est de
ma part un acte de légitime défense que ne sauraient
désapprouver ceux même que je ne parviendrais pas à
convaincre.

C'est aussi un devoir de bon citoyen, car rien de plus
funeste que les erreurs en finances, rien de plus utile que
de les signaler. C'est un devoir que je remplirai dans la
mesure que me prescrivent ma position et les circonstances. Je veux éviter les fausses interprétations, m'ab-
stenir de toute récrimination. Le Ministre annonce, au
commencement de son premier rapport, qu'il *dira la
vérité sans haine et sans crainte, mais aussi sans ménagements*. Comme lui, je la dirai sans haine et sans crainte,
mais non sans ménagements; j'en mettrai, au contraire, et beaucoup; je ne m'occuperai que du passé.

J'aurais désiré donner moins d'étendue à ces observations; mais s'il est facile d'être bref quand on se borne à
affirmer, cela devient impossible quand on s'impose le
devoir de prouver. Malgré cette étendue, je n'aurais pas
eu besoin, pour les faire paraître, de tout le temps qui s'est
écoulé depuis la séance du 8 mai dernier, mais j'ai dû
attendre, pour mettre la dernière main à ma réponse,
l'impression de divers documents financiers, notamment du

compte de l'administration des finances pour l'année 1847.

Je n'omettrai, dans ma discussion, rien de ce qui a besoin d'être relevé dans le rapport du 8 mai, mais je m'attacherai de préférence à celui du 9 mars, parce qu'il m'offre un avantage précieux pour qui a bon droit, et que je me garderai bien d'abandonner. Les griefs n'y sont pas articulés en termes vagues et généraux, ils sont exposés avec quelques détails et formulés en chiffres. Il devient possible de saisir les objections au passage et de les combattre.

Pour conserver cet avantage tout entier, et à raison du temps qui s'est écoulé depuis le commencement de mars, je reproduirai le texte même des parties du rapport sur lesquelles j'ai des explications à donner, c'est-à-dire de celles qui se rapportent au passé.

---

### Chapitre Ier. — DETTE PUBLIQUE.

« Au 1er janvier 1841, le capital de la dette publique, déduction faite des rentes appartenant à la Caisse d'amortissement, était de.  .  .  .  .  .  .   4,267,315,402 fr.
le 1er janvier 1848, il s'élevait à.  .   5,179,644,730

» Loin de mettre une si longue paix à profit pour réduire le chiffre de la dette, la dernière administration l'a ainsi augmentée dans des proportions énormes : 912,329,328 fr. en sept années ! »

L'expression *dette publique*, restreinte quelquefois par l'usage à la dette consolidée, c'est-à-dire aux rentes sur l'état, est employée ici dans toute sa généralité ; elle embrasse, avec la dette consolidée, les emprunts spéciaux contractés en 1821 et 1822 pour divers travaux spéciaux, les capitaux de cautionnemment et la dette flottante.

L'augmentation de la dette, dans un grand état comme la France, ne peut être un sujet de blâme que si les résultats obtenus ne sont pas en proportion avec les sacrifices imposés au pays dans le présent et dans l'avenir. C'est une opération digne d'éloges si elle a pour conséquence d'accroître la puissance ou la richesse du pays bien au delà de l'étendue de ces sacrifices, et la mesure de cet accroissement devient celle du mérite de l'opération. C'est après avoir examiné les autres parties du rapport qu'il sera possible d'apprécier jusqu'à quel point le reproche qui s'adresse à l'augmentation de la dette est fondé. Je demande donc que l'on suspende encore son jugement sur ce point, et je me borne à signaler en ce moment une erreur assez grave commise dans l'évaluation de la dette au 1er janvier 1848, et, par suite, dans le chiffre auquel est portée l'augmentation totale.

Cette erreur provient, je ne saurais en douter, de ce qu'on a compris dans la dette existant au 1er janvier 1848 la totalité de l'emprunt contracté le 10 novembre précédent. Elle s'explique facilement quand on songe à la rapidité avec laquelle le rapport a été rédigé, et que l'on connaît le mode d'opérer au trésor pour l'inscription des rentes négociées.

Immédiatement après l'adjudication, la rente à délivrer aux prêteurs d'après le taux de leur soumission est inscrite en totalité au grand-livre, et c'est par des transferts successifs qu'elle est ensuite portée au nom des souscripteurs au fur et à mesure de leurs versements; c'est ainsi que, par suite de l'adjudication du 10 novembre 1847, il a été inscrit au trésor une rente 3 p. 100 de 9,966,777 fr., correspondant à un capital réel de 250 millions, au taux de 75 fr. 25 c., et à un capital nominal de 333,225,896 fr. Cette dernière somme aura probablement été portée en entier comme faisant partie de la dette publique au 1er janvier 1848.

Mais, et personne ne le contestera sans doute, on ne peut mettre à la charge de l'ancienne administration la portion de l'emprunt qu'elle n'a pas touchée. Cet emprunt était destiné à consolider une portion de la dette flottante ; ce qui n'a pas été recouvré serait venu en déduction de cette dette, et il y a eu double emploi évident à le faire entrer dans le chiffre total, en même temps qu'on y comprend intégralement aussi la dette flottante. Si le surplus avait été versé postérieurement à la révolution, c'eût été au gouvernement nouveau, qui l'aurait reçu, à justifier de son emploi ; mais la baisse des fonds publics a nécessairement fait suspendre les versements, et, par suite, l'inscription générale sera réduite de ce qui ne devra pas être transféré aux porteurs, c'est-à-dire des rentes correspondantes, tant à la somme qui n'aura pas été versée, qu'au dixième qu'ils ont fourni d'avance, à titre de garantie, dixième qui demeure acquis au trésor dans le cas de suspension des versements.

On trouvera à l'annexe nº 1 (p. 68) le calcul détaillé du montant de la dette publique au 1er janvier 1841. Le résultat rigoureusement exact auquel je suis parvenu diffère trop peu de celui qui est indiqué au rapport (1,600,000 fr., sur près de 4 milliards trois cents millions) pour que je ne sois pas assuré que nous sommes d'accord sur les bases. En calculant d'après les mêmes bases le montant de la dette au 1er janvier 1848, j'arrive à un chiffre inférieur de plus de 263 millions à celui du rapport.

Il est vrai que, si on a compris dans ce dernier, ainsi

que je le conjecture, la totalité du capital nominal du dernier emprunt, la différence aurait dû être encore plus considérable : car ce capital s'élève à 333,225,896 fr., et la portion que j'ai fait entrer dans mes calculs n'est que de 27,170,633 fr., représentant une rente de 745,119 francs, montant des inscriptions opérées au 1er janvier. La différence provenant de cette cause serait donc de 306 millions, ou de 43 millions de plus que celle qui vient d'être signalée.

D'où viennent ces 43 millions, c'est ce qu'il m'est impossible de dire, le rapport ne donnant aucune explication, aucune preuve du chiffre qu'il contient. Si, comme je dois le croire jusqu'à présent, il y a eu d'autres erreurs commises que celle que j'ai fait connaître, il est juste de dire qu'elles sont en sens inverse de celle-ci, qu'elles tendent à atténuer la force de l'argument du rapport, et qu'ainsi elles fourniraient, si cela était nécessaire, une preuve de la bonne foi de son auteur, mais elles prouveraient aussi que les chiffres n'ont pas été suffisamment contrôlés, ce qui est toujours regrettable, surtout lorsqu'on accuse.

Je me suis demandé si on n'avait pas voulu parler du montant de la dette au 24 février, et non au 1er janvier. Dans ce cas, il eût été fâcheux qu'on eût indiqué une date au lieu d'une autre, mais on était en droit de prendre la première. Toutefois, j'établis dans l'annexe que, même dans cette hypothèse, l'erreur serait encore de plus de 170 millions. Ce qui est constant, c'est que le montant de la dette publique au 1er janvier dernier est inférieur de plus de 260 millions au chiffre pour lequel il est porté dans le rapport ; que l'augmentation de 912 millions qui est signalée comme *énorme* doit être dimi-

.nuée d'autant, et que l'erreur valait la peine d'être re-
levée.

———

### Chapitre II. — BUDGETS.

« Les budgets suivaient la progression de la dette.
» Celui de 1829 à 1830 se montait à  1,014,914,000 fr.  »
» L'ensemble  des  crédits mis à
la  disposition du gouvernement déchu , sur l'exercice 1847 ,  s'élève à . . . . . . . . . . 1,712,979,639   62

» Malgré les accroissements successifs des recettes, les
budgets présentaient chaque année un déficit considérable.
» De 1840 à 1847 inclusivement, la dépense a dépassé
la recette de 604,525,000 fr.
» Pour 1848, le déficit prévu est de 48,000,000 fr.,
sans compter le chapitre complémentaire des crédits supplémentaires, extraordinaires, etc., etc., ce qui élève à
652,525,000 fr. la totalité du déficit des budgets à la charge
de la dernière administration. »

Le rapport compare les  dépenses  de l'exercice 1829
avec celles de l'exercice 1847. Mais pour qu'une sem-
blable comparaison soit juste, il faut que les deux termes en soient ramenés aux mêmes conditions.

Or, d'une part, en 1829 il n'y avait pas de travaux
extraordinaires ; il a toujours été reconnu que les travaux, dont l'avenir est appelé à recueillir les fruits, pouvaient, sans injustice, être mis, en partie du moins, à
la charge de ce même avenir, et ne pas être portés au
budget ordinaire. D'ailleurs le paragraphe suivant est
consacré à incriminer les travaux extraordinaires, et
il n'est pas équitable d'en faire deux fois des griefs d'accusation.

Ce n'est pas tout, tandis que le chiffre indiqué pour l'exercice 1829 est celui des dépenses effectuées, tel qu'il est fixé par la loi de règlement des comptes de cet exercice, le chiffre adopté pour l'exercice 1847 est celui des crédits mis à la disposition du Gouvernement.

Il suffit de jeter les yeux sur les dispositions des diverses lois des comptes pour reconnaître combien ce dernier chiffre devra éprouver de réduction. La loi de l'exercice 1844, par exemple, constate pour cet exercice une réduction de plus de 68 millions, et déjà pour l'exercice 1847 lui-même une réduction très importante est constatée par l'administration elle-même. Le chiffre de 1712 millions a été pris dans les documents à l'appui du projet de loi des crédits supplémentaires présenté le 3 janvier dernier (p. 135). Le compte des finances de 1847, publié vers le 18 mai, le réduit (page 297) à 1,664,372,390 fr., dont pour le service ordinaire un milliard 413,837,738.

Je serais en droit de faire subir à ce dernier chiffre une nouvelle réduction pour les dépenses de l'Algérie. On sait que cette conquête, qui a précédé de bien peu de jours la fondation du gouvernement de Juillet, a été léguée à ce gouvernement avec ses difficultés et ses charges; qu'elle est une des causes principales de l'accroissement des dépenses (1), particulièrement depuis que le choix de M. le maréchal Bugeaud, si bien justifié d'ailleurs par les résultats, avait pour conséquence naturelle l'obligation de mettre dans ses mains tous les moyens dont il n'avait cessé de proclamer hautement et franchement la nécessité. Les dépenses de l'occupation de l'Algérie n'existaient pas en 1829, et il est juste de ne pas les

_______________

(1) **V.**, annexe n° 2 (p. 7), un aperçu sur la dépense de l'Algérie.

comprendre dans les éléments de comparaison entre les deux époques. Mais la difficulté de déterminer précisément le chiffre des dépenses de cette origine, et l'obligation de tenir compte de différences du même genre, quoique beaucoup moins importantes, qui existent tantôt dans un sens, tantôt dans un autre, entre les circonstances de 1829 et celles de 1846, m'engage à réserver pour les observations de détail l'appréciation de ces circonstances exceptionnelles, et à maintenir le chiffre de 1,413,837,658 fr. Comparé à celui de 1,014,914,000 fr. de l'exercice 1829, il fait ressortir un accroissement de 400 millions qu'il importe d'expliquer.

Ces explications n'auront, du reste, rien de difficile pour moi, et j'ai prouvé, il y a déjà plusieurs années, que je ne les redoutais pas. Un de mes premiers soins en effet, lorsque je rentrai aux affaires en 1842, fut de faire dresser une comparaison des budgets généraux de 1843 et de 1830, et déjà, à cette époque, les dépenses du second excédaient celles du premier de 380 millions. Mon but était de prouver que, si les dépenses s'étaient accrues, c'était pour donner satisfaction à des intérêts légitimes ou a des sentiments nationaux, et pour développer le progrès de la prospérité générale. Je montrais aussi qu'il avait été d'autant plus convenable d'entrer dans cette voie, qu'on avait pu le faire sans accroître les charges du pays, et en profitant seulement de la progression ascendante des revenus publics.

Le 10 janvier 1843, dans l'exposé des motifs du budget de 1844, je présentais de ce travail le résumé suivant, qui ne fut l'objet d'aucune contestation :

« Ce travail complet, et dont chacun pourra vérifier l'exactitude, va vous être distribué.

» Vous y verrez, en mettant de côté les augmentations qui proviennent de divers services rattachés au budget de 1830,

» Pour les recettes :

» Un accroissement dû, pour les deux tiers, au développement de l'aisance dans toutes les classes, et au surcroît de consommation de toute nature qui en est la conséquence; la presque-totalité du surplus demandé aux contribuables par les votes des conseils électifs, auxquels ils ont eux-mêmes confié leurs intérêts; et d'un autre côté, le trésor abandonnant des ressources importantes, la loterie et les jeux, pour déférer à des réclamations faites au nom de la morale publique, une forte part de l'impôt des boissons pour soulager une de nos principales productions agricoles;

» Pour les dépenses :

» De fortes réductions opérées sur la liste civile, l'ancienne maison militaire, le personnel des ministères, les administrations publiques, les traitements des fonctionnaires haut placés;

« Des améliorations considérables dans les situations inférieures de la magistrature, du clergé, de l'armée;

» La dotation de l'instruction publique presque triplée par le développement de l'instruction populaire;

» Nos forces de terre et de mer accrues en hommes et en matériel; les charges de l'Algérie occupant une place qui était vide en 1830;

» L'application à des travaux productifs des impôts volontairement supportés par les départements et les communes;

» Et enfin, 130 millions de plus consacrés, en une seule année, à la création ou au perfectionnement de nos moyens de défense ou de communication. »

Je pourrais m'en tenir là : car, malgré les modifications

apportées dans les budgets depuis 1843, ce résumé est toujours exact. Mais, désireux de ne rien laisser d'équivoque ni d'incomplet, je me suis livré à un travail nouveau, appuyé sur des bases plus précises et plus récentes : j'ai substitué, pour termes de comparaison, aux prévisions des budgets, les réalisations constatées par les comptes. Cela m'a obligé, en gardant pour premier terme les faits de l'exercice 1829, d'adopter ceux de l'exercice 1846 pour le second, l'exercice 1847 n'étant pas encore clos. Les conséquences à tirer de la comparaison n'en reçoivent aucune altération, les résultats des deux exercices différant peu les uns des autres.

Ce travail, dont j'ai dû former une annexe (n°3 p.74), pour ne pas interrompre la discussion, appelle toute l'attention du lecteur. Il remarquera, sans doute, que je me suis occupé aussi des recettes. Ce n'est pas en effet en mettant à côté l'un de l'autre deux chiffres de dépense, comme le fait le rapport, ce n'est pas même en décomposant ces chiffres et en examinant quels résultats ils représentent, c'est encore en étudiant les ressources avec lesquelles on y a fait face, leur origine, leur nature, que l'on peut porter un jugement éclairé sur l'ensemble d'une gestion financière et sur les hommes qui y ont pris part.

Après avoir, avec moi, comparé les résultats de l'exercice 1829 à ceux de l'exercice de 1846, on demeurera convaincu que j'étais autorisé à dire plus haut que le résumé de 1843 était toujours exact ; on reconnaîtra même que ce résumé ne va pas assez loin en ce que d'un côté il admet que les charges des contribuables ont augmenté, tandis que dans la réalité il y a compensation entre les aggravations et les adoucissements d'impôts, et que de l'autre côté il ne fait pas ressortir suffisamment la part qu'ont eue dans les améliorations qui ont causé les accroissements de dépenses les intérêts des classes populaires et peu aisées, ceux du soldat, du matelot, de l'ouvrier, du laboureur, sujet sur lequel j'aurai encore à revenir.

Je ne terminerai pas l'examen du paragraphe relatif aux *budgets*, sans dire un mot des 605 millions de déficit qu'ont présentés les budgets de 1840 à 1847. Sans m'occuper des légères modifications que ce chiffre a reçues par les dernières appréciations des découverts de 1846 et de 1847, et de celles plus considérables qu'il éprouvera certainement lorsque le découvert de 1847 sera définitivement fixé, je ferai observer que ce chiffre de 605 millions s'applique à huit exercices; que les quatre de 1840, 1841, 1842 et 1847, y entrent pour à peu près 530 millions, et les quatre de 1843, 1844, 1845 et 1846, pour environ 76 millions seulement. Il était peut-être juste de faire cette distinction, qui montre que les principales et presque les seules causes de ces découverts sont l'attitude que les événements de 1840 ont obligé la France de prendre, et les circonstances calamiteuses qui ont marqué la fin de 1846 et l'année 1847.

On me pardonnera, je l'espère, de faire remarquer que les exercices 1844, 1845 et 1846, sont les seuls dont les budgets aient été à la fois préparés et exécutés sous mon administration, que le premier s'est soldé à peu près en équilibre (181,000 d'excédant de dépense), que le second a offert un excédant de recette de plus de 4,300,000, et que le découvert de 41 millions du troisième tient en très grande partie aux circonstances que je rappelais tout à l'heure.

Ces découverts au surplus ne pèsent pas sur le trésor. Ceux des exercices 1846 et antérieurs ont été soldés avec les réserves de l'amortissement jusqu'au 31 décembre 1846. Ces réserves présentent même un reste disponible d'environ 16 millions qui suffira probablement avec celles de 1847, à faire face au découvert de cet exercice. Il est vrai que ces réserves n'ont pu dès lors être affectées à couvrir les dépenses des travaux publics, et que ces dépenses sont tombées à la charge de la dette publique. Je vais examiner, dans le chapitre suivant, quel est le poids qui en est résulté pour le trésor et pour le pays.

## Chapitre III. — TRAVAUX PUBLICS.

« Les travaux publics, entrepris sans mesure sur tous les points du territoire à la fois, pour satisfaire ou fomenter la corruption électorale, et non avec cette réserve que la prudence commandait si impérieusement, ont élevé les crédits à . . . . . . . . . .  1,081,000,000 fr.

» A déduire les sommes rembour-
sées par les compagnies, 160,000,000
» Dernier emprunt,  82,000,000

————————  242,000,000

Reste.  . . . .  839,000,000 fr.

» Sur cette somme, 435 millions ont été dépensés sur les ressources de la dette flottante, et 404 millions restent encore à acquitter d'ici à l'achèvement des travaux. »

Le rapport du 8 mai, en reproduisant cette accusation, ne renferme plus les mots de *corruption électorale*; ils sont remplacés par une insinuation détournée. C'est sans doute parce que, dans l'intervalle, on a appris qu'il n'est pas de pouvoir qui échappe à l'accusation d'user d'influences illégitimes pour fausser le résultat des élections. Laissant à la conscience publique à juger quels sont ceux qui ont le plus mérité ce reproche, je me bor-

nerai à faire observer en ce moment qu'appliqué à la dépense des travaux publics dans ces dernières années, il
ne supporte pas l'examen. Chaque session, qu'elle fût
rapprochée ou éloignée des élections, a fourni son con-
tingent dans cette grande entreprise; chaque portion du
territoire, et le rapport le reconnaît, a reçu, autant que
le permettaient les conditions dans lesquelles elle se
trouvait placée, la part des divers travaux, les arrondis-
sements qui envoyaient des députés de l'opposition, et
que l'on savait devoir en envoyer toujours, aussi bien
que ceux qui les repoussaient. Si l'on se reporte aux
discussions parlementaires, on verra que plus d'une fois
l'initiative de propositions de travaux nouveaux est
partie de bancs éloignés des bancs ministériels, et que
l'empressement, fort naturel d'ailleurs, à soutenir les
intérêts que l'on représentait, était également vif dans
toutes les parties de la chambre.

La question des travaux publics étant la plus importante de celles qui se rattachent à l'administration des
finances du dernier gouvernement, on ne s'étonnera pas
que je lui consacre quelques pages. J'ose croire qu'a-
près qu'on les aura lues, bien des préventions se dissi-
peront, et qu'on reconnaîtra que les hommes qui ont
concouru à divers titres au développement de ces travaux n'ont pas obéi à de misérables calculs d'égoïsme
et d'intérêt privé, qu'ils ont été guidés, au contraire,
par un sentiment bien entendu des besoins de leur pays,
et par les inspirations d'un véritable patriotisme, et
qu'ils n'ont à redouter ni le jugement de leurs contem-
porains, ni celui de l'avenir.

En France, généralement, nous connaissons peu les autres pays, et nous nous persuadons assez volontiers que le
nôtre leur est supérieur en tout. Malheureusement il est

plus d'un point pour lequel cette supériorité n'existe pas. En agriculture, par exemple, que de leçons n'aurions-nous pas à prendre, non seulement en Angleterre, en Belgique, en Hollande, en Allemagne, mais encore en Italie, et même dans quelques parties de l'Espagne. En industrie, s'il est des branches dans lesquelles nous l'emportons, il en est beaucoup où nous trouvons des rivaux, et quelques unes pour lesquelles nous sommes obligés de reconnaître des maîtres, en moins grand nombre, heureusement, que ne le prétendent nos fabricants eux-mêmes lorsqu'on demande des diminutions de tarif. En cherchant à classer entre les trois catégories les diverses industries, on voit bientôt que nous sommes supérieurs dans celles qui ont une grande valeur relativement au poids ou au volume, telles que les tissus de soie ouvrés, la bijouterie, l'horlogerie, les instruments de précision, et en général les articles dits *de Paris*. Nous luttons difficilement pour les articles dont la valeur est moindre comparativement au poids, ou qui se fabriquent à l'aide de machines puissantes et perfectionnées, tels que les tissus de soie unis; ceux de laine, de fil, de coton; les porcelaines fines, les cristaux. Enfin nous produisons plus chèrement les objets dont la valeur est faible proportionnellement au poids : tels sont les fers, la fonte et les autres métaux, la poterie commune, etc., etc. Lors donc que nous sommes inférieurs à nos voisins dans une branche d'industrie, ce n'est pas que nous le soyons en intelligence, en activité, en force physique; c'est que nos transports sont plus chers; c'est qu'il en coûte davantage pour réunir dans l'usine le mieux placée les diverses matières premières, pour y faire arriver le combustible, et pour transporter ensuite l'objet fabriqué chez le consommatrur. Plus cet objet est lourd compararativement à sa valeur, plus la dépense des transports qu'il a subis entre pour une forte proportion dans son prix total, comparativement au prix des matières premières et à celui du travail de la mise en œuvre.

Mais à quoi tient cette cherté, et pourquoi est-elle plus grande en France qu'ailleurs ? On vante souvent, et avec raison, le climat de la France ; également à l'abri de l'excès de la chaleur et de l'excès du froid, c'est, en effet, un des pays du globe les plus agréables à habiter ; mais, au point de vue *utilitaire*, il faut reconnaître qu'il a été moins favorisé par la Providence. On a trop souvent indiqué les avantages que possède l'Angleterre sous ce rapport pour que nous les exposions avec détail ; nous ne ferons que les résumer rapidement.

La mer, qui lui sert de ceinture, en lui assurant la précieuse faculté de ne se mêler aux affaires du continent qu'autant qu'il lui convient, lui fournit en même temps, sans frais de construction ni d'entretien, le meilleur de tous les canaux pour relier entre eux les nombreux ports de son littoral, presque tous facilement accessibles. Les larges embouchures de ses rivières forment des baies profondes qui prolongent ce canal intérieurement dans toutes les directions. Pendant que des pentes douces conduisent lentement ses eaux fluviales depuis le haut de montagnes peu élevées jusqu'à la mer, grâce à son ciel humide, es rivières se maintiennent constamment navigables ; les prises d'eau nécessaires aux canaux sont plus faciles et moins coûteuses. On sait combien le sol de l'Angleterre renferme de richesses minérales ; plusieurs espèces de métaux ne se trouvent que chez elle en Europe, et elle possède les dépôts les plus riches en quantité et en qualité que l'on connaisse du produit le plus précieux qui existe aujourd'hui, du charbon de terre.

Non seulement les distances y sont courtes et faciles à franchir, mais pour la production la plus importante et la plus utile, le fer, elles sont nulles : minerai et combustible se touchent, et sont même souvent placés au bord de la mer. Grâce à tant d'avantages naturels, l'Angleterre a pu et dû se sillonner avant les autres pays de canaux et de chemins de fer. Sa position lui faisait une obligation d'une marine nombreuse, et, par cela même économique. Des docks, construits avec grandeur et intelligence, viennent encore, indépendamment des facilités qu'ils procurent aux transactions commerciales, réduire ces frais accessoires, déjà si diminués par toutes les circonstances qui viennent d'être signalées.

En France, au contraire, la moitié seulement des frontières touche à la mer, et encore l'immense péninsule hispanique sépare cette moitié en deux parties inégales, entre lesquelles les communications sont longues et coûteuses. Une partie des côtes, la Manche et le golfe de Lyon, est d'un accès difficile et périlleux ; une autre, le golfe de Gascogne, n'est même pas abordable partout. Quelques uns de nos fleuves se précipitent en torrents de montagnes élevées ; dans presque tous le régime des eaux est variable et rend la navigation souvent difficile, quelquefois impossible. Il nous manque plusieurs des métaux que possèdent nos voisins ; et si nous sommes assez riches en minerai de fer, il est placé, à quelques exceptions près, loin des dépôts de combustible : ceux-ci, ainsi que les chutes d'eau, sont, en général, situés au haut des vallées, tandis que les terres fertiles et les grands centres de population sont dans les parties inférieures.

Ce n'est pas seulement en la comparant à l'Angleterre que l'on trouve la France dans une situation d'infériorité

naturelle; il en est de même, quoique à un moindre degré, à l'égard de plusieurs autres pays. Avait-on au
moins fait quelques efforts pour diminuer par le perfectionnement des voies de communication le désavan-
tage de ces conditions du territoire? Oui, sans doute,
mais sans suite, sans idées d'ensemble, et sans persévérance.

L'administration d'Henri IV et de Sully avait doté la
France des premières voies navigables. Colbert avait encouragé puissamment l'ouverture du canal du Midi;
mais, préoccupé par d'autres soins, ou empêché par la
nécessité de subvenir aux dépenses des guerres de
Louis XIV, il fit peu pour les routes et les autres travaux publics. Sous le Régent, une grande impulsion leur
fut donnée : nos principales routes furent ouvertes, en même
temps que des casernes et autres édifices publics se cons-
truisaient dans diverses villes. A sa mort, son œuvre ne
fut pas continuée, si ce n'est toutefois sous l'administration de M. de Trudaine, particulièrement dans les pays
d'état, qui ressentaient déjà les bienfaits d'une ébau-
che de gouvernement représentatif, et dans quelques pro-
vinces, où la reconnaissance publique a conservé le souvenir d'intendants qui marquèrent leur passage par d'u-
tiles entreprises, tels que Turgot en Limousin, de Tourny
à Bordeaux, et d'Etigny dans les généralités d'Auch et
de Pau.

L'état de nos voies de communication laissait donc
beaucoup à désirer en 89. La première République n'eut
pas le temps de les améliorer. L'Empire y consacra
quelques efforts; mais, confiant dans sa durée, il les porta
surtout hors du territoire de l'ancienne France, et, si
c'est par elle, ce n'est pas à son profit qu'ont été exé-

cutés les admirables travaux du Simplon, pas plus que ceux d'Alexandrie et d'Anvers.

La Restauration entretint avec soin les voies existantes, et on lui doit la continuation ou le commencement de quelques travaux utiles, particulièrement de ceux auxquels s'appliquent les combinaisons financières des lois de 1821 et de 1822. Mais presque aucun n'était achevé à l'époque de la révolution de juillet : quelques unes des routes classées n'existaient que sur le papier ; d'autres, en grand nombre, présentaient des lacunes déplorables, et toutes, ou presque toutes, des pentes rapides, qui apportaient à chaque pas des obstacles à la circulation. Les rivières, les canaux étaient encore bien moins avancés, et il n'existait qu'un ou deux petits tronçons de chemins de fer. Nos ports de commerce, et particulièrement ceux de la Manche, si nombreux et si importants, attendaient de nouvelles améliorations, dont le besoin devenait chaque jour plus urgent. Enfin, le système de nos phares, incomplet et insuffisant, laissait subsister à l'approche de nos côtes des dangers que les droits de l'humanité, encore plus que l'intérêt du commerce, prescrivaient de faire disparaître.

J'ai indiqué plus haut comment, même après les perfectionnements obtenus, nos industries se trouvaient classées en trois catégories, et comment ce classement se rattachait évidemment à la cherté des transports. Le mal était bien plus grand encore en 1830 ; il l'était d'autant plus, que les industries qui se trouvent paralysées par cette cherté, ou du moins restreintes au marché intérieur, sont malheureusement celles qui produisent des objets de moindre valeur, et, par conséquent, d'une consommation plus étendue, c'est-à-dire celles qui occuperaient le plus grand nombre de bras, si nous pouvions abaisser suffisamment pour en augmenter l'emploi la partie des frais de leur production provenant des transports.

On comprend que, si le haut prix des transports a une telle influence sur la valeur des produits manufacturés, elle est bien plus considérable encore pour les produits agricoles, si lourds et si encombrants : ils s'en trouvent sensiblement renchéris, et c'est l'alimentation du peuple qui en souffre. Qui peut dire ce que la crise des subsistances de 1847 aurait été si nos voies de communication étaient restées ce qu'elles étaient il y a vingt ans? Combien n'eût-elle pas été adoucie, si leur perfectionnement avait été plus avancé? Combien n'est-il pas désirable de voir disparaître enfin les inégalités souvent énormes dans le prix des céréales entre les diverses parties du territoire?

Le commerce, l'industrie, l'agriculture, les consommateurs surtout, sont donc tous intéressés à ce que les frais de circulation soient diminués par l'ouverture ou le perfectionnement des voies de communication. On parle beaucoup en ce moment d'organisation du travail, on a fait, on fait tous les jours encore à la classe ouvrière des promesses bien décevantes qui lui préparent d'amers retours. Les ouvrages exécutés par le dernier gouvernement ont donné directement du travail depuis plusieurs années à des centaines de milliers d'ouvriers; ils en ont procuré indirectement à un aussi grand nombre d'autres par les entreprises particulières que faisait naître l'exécution des travaux généraux. L'abaissement qu'ils ont déjà produit dans le coût des transports, celui bien plus grand qu'ils donneront encore, procureront à tous les manufacturiers des deux dernières catégories désignées plus haut une économie croissante dans les prix de revient. Cette économie se distribuera d'elle-même entre tous les intérêts. Si le capital, qui alimente, et l'intelligence, qui dirige, en prennent une part, une autre sera pour le bras, qui exécute, et une dernière pour le peuple, qui consomme. Ce n'est pas tout : en même temps que le travail sera mieux rétribué, il faudra accroître la masse des fabrications pour pourvoir à l'extension des débouchés au dehors résultant de la baisse des prix de revient, et occuper par là un bien plus grand nombre de bras. On peut porter le défi à quelque système d'organisation que ce soit de produire de tels résultats.

Il ne faut pas croire que cette question d'organisation, si brûlante, qui a tant préoccupé depuis quelque temps les économistes et les philanthropes, ait échappé à l'attention des hommes qui ont participé depuis quelques années au gouvernement de notre pays (1). Pour mon compte

(1) Je ne saurais mieux le prouver qu'en citant le passage suivant d'une lettre de M. Lavergne, un de mes anciens collègues de la députation du Gers, au journal *L'Opinion*, qui se publie à Auch :

« Le malheur du gouvernement déchu a été de ne pas assez parler au peuple. Le peuple a cru qu'on ne s'occupait pas de lui ; il s'est trompé, sans doute, car tout autre régime aura bien de la peine à faire plus que celui qui, en 17 ans, a répandu l'instruction primaire sur toute la surface du sol, créé les caisses d'épargne, les salles d'asile et les crèches ; augmenté, dans une proportion énorme, le nombre et le taux des salaires par le progrès incessant du commerce, et surtout par une masse de travaux publics de plus de 300,000,000 fr. par an ; et qui, au moment où il est tombé, proposait aux chambres la réforme des monts-de-piété, la fondation des caisses de retraite pour les ouvriers, et la mise en valeur des biens communaux. Mais, enfin, c'est cette erreur du peuple qui a fait la révolution de février : le peuple n'a pas vu qu'il avait absolument les mêmes intérêts que les autres classes ; il commence à s'en apercevoir aujourd'hui, il le saura davantage plus

cette question a été l'objet constant de mes méditations. Indépendamment de tentatives répétées pour la fondation d'une caisse de retraite des ouvriers, rendues infructueuses par la résistance d'un autre département ministériel(1), j'ai cru payer mon tribut à la solution de cette question par le concours actif que j'ai prêté à l'exécution de travaux qui procuraient par eux-mêmes de l'occupation à un grand nombre de bras, et dont l'effet devait être d'accroître considérablement la masse des produits à fabriquer et des ouvriers à employer, et d'assurer à la fois à ceux-ci une élévation de salaire et les conditions de la vie à meilleur marché.

Les considérations qui précèdent mehsemblent suffisantes pour justifier ce que j'ai dit plus  aut du but que se sont proposé ceux qui ont provoqué ou encouragé les entreprises de travaux publics. Ces considérations s'appliquent avec plus de force encore aux chemins de fer qu'aux voies de communication moins perfectionnées ; mais il en est d'autres, spéciales à ces chemins, dont il est nécessaire de dire également un mot.

Parmi les avantages qu'ils ont procurés au public, le plus important, sans aucun doute, quoique le moins appréciable en chiffre, est celui du temps ; mais celui-là ne se borne pas au point de vue économique, il s'étend au point de vue gouvernemental et à celui de la puissance du pays. Abréger le temps employé à parcourir les distances, c'est abréger les distances mêmes, c'est resserrer les diverses parties du territoire, rapprocher les

tard ; mais il n'y a pas d'autres moyens de le lui bien apprendre que d'accepter sa participation au gouvernement du pays, etc. » (*Opinion* du 20 mars 1848.)

(1) Voir les procès-verbaux et rapports de la dernière session du conseil général du commerce.

populations ; c'est donner au pays plus d'unité, plus de force à son gouvernement. De deux états, dont l'un sera couvert de chemins de fer, et dont l'autre en sera privé, l'action gouvernementale du premier sera infiniment plus rapide, plus énergique, plus efficace, dans l'offensive comme dans la défensive ; il fera arriver, pour ainsi dire, instantanément troupes et matériel là où les coups devront être portés ; et, dans cette lutte inégale, son triomphe sur son voisin ne sera pas un instant douteux. Telle était la situation qui se préparait contre la France, tandis que dans nos Chambres on se disputait sur le système à adopter pour la construction des chemins de fer, sans en commencer un seul de quelque importance sous le rapport statégique. La Belgique avait déjà son réseau complet ; l'Allemagne travaillait au sien avec sa persévérance accoutumée et une activité toute nouvelle chez elle. Le moment approchait où, de Vienne, de Varsovie, de Berlin, on pourrait arriver, pour ainsi dire inopinément devant Lille, Valenciennes ou Strasbourg, au choix de nos ennemis ; où Mayence, Restadt, Coblentz, les forteresses de la Belgique, seraient reliées par des voies de fer : et nous serions restés inactifs, ou nous aurions tranquillement posé chaque année quelques kilomètres de rail ! Qui donc, dans le gouvernement, aurait voulu accepter la responsabilité d'une indifférence aussi coupable? Pour moi, je le déclare, je n'aurais voulu, à aucun prix, en prendre ma part. Les questions de système, les considérations financières même, n'étaient plus que secondaires : réparer le temps perdu, opposer réseau à réseau, mettre Paris en communication avec toutes les parties du territoire pour concentrer les forces du pays, et particulièrement avec les boulevarts de nos frontières, pour porter les forces sur les points menacés avec une rapidité égale à celle des assaillants, tel j'ai compris le devoir du gouvernement, devoir que les événements de 1840 rendaient encore plus impérieux et plus urgent. Autant, en 1838, j'avais combattu dans le conseil, à la tribune, pour l'exécution des chemins par l'état, autant après quatre années employées par nous à discourir, par les autres à travailler, j'ai insisté pour qu'on s'occupât surtout d'une chose, d'aller vite, et que pour cela on employât tous les moyens : exécution par l'état seul, par les compagnies seules, par le concours simultané de l'état et des compagnies. Et plût à Dieu qu'il eût été possible de presser encore davantage toutes les grandes entreprises! J'ignore ce que l'avenir nous prépare; mais il faut bien qu'il récèle quelques nuages, puisqu'au milieu des difficultés financières actuelles on rassemble à grands frais des armées sur le Rhin et au pied des Alpes. Combien de facilités n'aurait-on pas eues pour ces opérations, si les chemins de fer de Paris à Lyon et de Paris à Metz et à Strasbourg étaient terminés? Peut-être aurait-on même pu éviter ces mesures, qui jettent l'alarme dans les esprits et font naître quelquefois le danger qu'elles sont destinées à prévenir.

Les dépenses de chemins de fer n'étaient pas les seules qui fussent commandées par l'intérêt de la défense du pays. Des commissions composées de l'élite de nos généraux et de nos marins avaient, sous la Restauration et après 1830, étudié avec soin toutes les questions qui se rattachent à notre force militaire. Elles avaient proclamé la nécessité de construire ou d'agrandir bon nombre de places de guerre, de fortifier nos côtes et nos ports, d'ajouter à nos approvisionnements des armées de terre et de mer. Leurs demandes s'élevaient à des sommes bien considérables : arrêtées par l'énormité de la dé-

pense, elles avaient indiqué, séparément, d'abord ce qu'elles regardaient comme indispensable ; puis ce qui était très
important encore, mais pouvait ne venir qu'en seconde
ligne; et enfin ce qui, quoique d'une grande utilité, pouvait encore être ajourné. Fallait-il, lorsque la révolution
de 1830 avait rendu à la France son indépendance vis-à-
vis de l'Europe, ajourner même ce que les juges les plus
compétents déclaraient être absolument indispensable ?

On le voit, prospérité de l'agriculture, émancipation
de notre industrie, extension de notre commerce exté-
rieur, augmentation du travail national, amélioration du
sort de la classe ouvrière, tels sont les grands intérêts
auxquels devaient pourvoir les travaux ordinaires entrepris, auxquels ont pourvu déjà dans une large mesure les
entreprises terminées jusqu'à ce jour.

Nous ne devons pas omettre un autre ordre de travaux destinés à satisfaire, non les intérêts matériels, mais
les sentiments élevés et les besoins moraux d'une grande
nation : nous voulons parler de cette foule d'édifices et
de monuments qui ont été construits ou achevés depuis
1830. Nulle époque n'a plus fait que celle-là pour la
splandeur des arts et l'embellissement de nos cités.
Elle a été marquée par un caractère particulier qui fait
son honneur : elle a terminé presque tout ce qui avait été
commencé avant elle.

Si c'est la dernière administration qui a eu la plus
grande part à l'exécution de cette œuvre, c'est à la fois
parce qu'elle a beaucoup plus duré que les autres, et
parce que l'immense utilité des résultats obtenus encou-
rageait à augmenter progressivement les travaux; mais
chacun des ministères qui l'avaient précédée, depuis celui
de M. Lafitte, faisant rendre la loi du 8 septembre 1830,
et celui de M. Casimir Périer celle du 6 novembre 1831,

avait obéi aux mêmes inspirations et concouru également, dans la mesure commandée par les circonstances dans lesquelles il se trouvait placé, à réparer les négligences ou les lenteurs du passé. Les actes les plus efficaces et qui ont imprimé le plus d'élan à ces entreprises si fécondes, antérieurement à 1841 , sont les lois du 27 juin 1833 et du 14 mai 1837. Il serait trop long de citer toutes celles qui ont fait des applications particulières des principes posés par ces deux lois générales et par celles des 25 juin 1841 et 11 juin 1842.

Convaincu, comme je le suis, que tous ceux qui ont participé à la proposition et à l'exécution de ces lois ont bien mérité de leur pays, loin de craindre qu'on ne trouve trop considérable le chiffre des crédits ouverts pour travaux publics que relève le rapport de M. Garnier-Pagès, je crois de mon intérêt aussi bien que de mon devoir de signaler, au contraire, tout ce qu'il offre d'incomplet.

Ce chiffre se rapporte uniquement en effet aux dépenses auxquelles il a dû être pourvu suivant les moyens indiqués par la loi du 11 juin 1842. Or ce n'est-là, il faut le dire, qu'une moitié environ de l'ensemble de celles qui ont eu pour but de pourvoir aux divers intérêts dont je crois avoir établi l'importance et l'urgence.

On a vu par les détails donnés dans l'annexe n° 3 que les allocations portées au budget ordinaire pour les dépenses de la nature de celles dont nous nous occupons, aux ministères de l'intérieur, des travaux publics, de la guerre et de la marine, ont été beaucoup plus considérables, en 1846 qu'en 1829. Ce qui a eu lieu en 1846 existait également aux budgets antérieurs. On sait que les crédits dont il s'agit ne s'appliquent pas seulement aux frais d'entretien, mais contiennent aussi des constructions neuves ; on n'a jamais cessé, en effet, de comprendre au budget ordinaire celles de ces constructions qui n'ont pas un caractère exceptionnel et dont il est indispensable que le service courant supporte sa part. Ce serait une grande imprudence d'étendre à ces travaux habituels, dont l'un n'est pas terminé sans qu'un autre ne doive venir prendre sa place, le principe qui admet la création de ressources extraordinaires pour les dépenses extraordinaires aussi. Le gouvernement de Juillet n'a pas eu à se reprocher cette imprudence, et une des causes de cette augmentation d'allocation que je viens de rappeler est précisément qu'il a exécuté avec les ressources ordinaires une plus grande masse de travaux neufs.

Toutefois je ne tiendrai pas compte de cette circonstance en cherchant à apprécier la masse des travaux publics exécutés sous le gouvernement déchu ? Je ne ferai d'exception que pour le matériel de l'artillerie, dont la dépense totale a été, à partir de l'exercice 1833, comprise dans le service courant, même aux époques où ont été faits des approvisionnements tout à fait extraordinaires, soit pour l'armée, soit pour la garde nationale. Dans le relevé dont je vais indiquer les résultats tout à l'heure, j'ai rangé avec les dépenses extraordinaires des autres services l'excédant qu'à présenté celui-là, pour quelques années exceptionnelles, sur la moyenne des années ornaires. J'ai opéré de même pour les travaux tout à fait exceptionnels exécutés dans les trois grandes places de Béfort, Grenoble et Lyon. J'ai également fait entrer dans ce relevé les allocations spéciales qui, quoique imputées sur le budget ordinaire, s'appliquaient à des entreprises assez considérables pour avoir été l'objet de lois particulières, et forment des chapitres à part dans les comptes.

Mais, comme je ne veux faire ressortir que les dépenses qui ont eu pour résultat d'ajouter au capital du pays, j'ai exclu de mes calculs celles qui ont été destinées à remplacer une portion de ce capital détruit par vétusté ou force majeure. Ainsi je n'ai pas compris, par exemple, les crédits qui ont été accordés pour les cathédrales de Chartres et de Troyes, pour le palais de l'ambassade à Constantinople; pour les réparations aux digues, aux fleuves, aux routes, occasionnées par les grands désastres, qui ont été trop fréquents dans ces dernières années; pour les ministères de l'instruction publique, de l'intérieur, de la guerre, etc., etc., quoique tous ces crédits aient été ouverts à titre extraordinaire.

Je n'y ai pas compris non plus les subventions accordées par l'état, soit aux communes, soit à des compagnies particulières (les chemins de fer exceptés), subventions qui ont provoqué des dépenses bien supérieures à leur montant. Avec ces restrictions on comprend que les résultats que je donne ne représentent pas tout ce que le dernier gouvernement peut, à bon droit, se glorifier d'avoir exécuté, mais on est assuré que tout ce qu'ils comprennent a été accompli par lui.

Le travail auquel je me suis livré, et dont les détails, par exercice et par chapitre, sont consignés dans le tableau ci-annexé sous le n° 4, établit que les dépenses dont la nature et les limites viennent d'être indiquées se sont élevées depuis juillet 1830 jusqu'au 1ᵉʳ janvier 1848, sur les budgets ordinaires, à.      328,135,000 f.

Sur le budget annexe (L. du 17 juin 1833), à. . . . . . .    93,852,000

Sur le budget extraordinaire (L. du 14 mai 1837), à. . . . . .    225,624,000

A reporter. . . . .    647,611,000

Report. . . . . . . 647,611,000

Sur les ressources créééés par la
loi du 25 juin 1841, à. . . . . . 404,607,000

Sur celles indiquées par la loi du
11 juin 1842, à. . . . . . . 412,197,000

Total général. . . . 1,464,415,000

Ces dépenses considérables ont-elles rempli le but auquel elles étaient destinées? Ceux qui, dans des intentions qu'on ne peut qu'approuver, en ont été les auteurs, se sont-ils trompés? Le pays s'est-il appauvri ou enrichi? C'est ce que j'aurais examiné dès ce moment si la dernière partie du rapport de M. Garnier-Pagès ne devait pas m'obliger à reprendre la question d'une manière plus générale et plus complète. Il y aura avantage à ne pas scinder cette partie de la discussion, et ce sera par elle que je terminerai ces observations.

Les travaux compris dans la loi du 25 juin 1841 ne sont pas encore entièrement terminés; ceux auxquels ont été appliquées les dispositions de la loi de 1842 sont en cours d'exécution. Voici quelle était au 1er janvier dernier la situation des crédits généraux et des paiements pour les uns et pour les autres:

Les allocations générales résultant de la loi du 25 juin 1841 sont de. . . . . . . 496,821,000

Les paiements effectués au 1er janvier de. . . . . . . . . 404,607,000

Les engagements à la charge de l'état, par suite de cette loi, étaient à cette époque de. . . . . . . 92,214,000

Les crédits généraux, accrus successivement, en ver-

tu de la loi du 11 juin 1842, s'élèvent (C. des finances
de 1847, p. 362) à.  .  .  .  .  1,109,218,000 f.

Mais de cette somme il y a à déduire les sommes restant dues par
les compagnies concessionnaires,
ou les dépenses à supporter par
elles, à (1).  .  .  .  .  .  .  .  .  252,396,000
_______________
856,822,000

Les paiements faits au 1<sup>er</sup> janvier
1848 étant de.  .  .  .  .  .  .  412,197,000

Les engagements qui résultent de
ce chef sont de.  .  .  .  .  .  .  444,625,000

Et l'ensemble des engagements provenant des travaux publics projetés est de.  .  .  526,839,000

(1) D'après le compte des finances, p. 359, les dépenses dont
le Trésor se trouve ainsi exonéré montent à.  245,084,000 fr.

D'où il convient de déduire, pour la portion
réalisée au 1<sup>er</sup> janvier (p. 364) .  .  .  .  .  45,959,000
_______________
Reste.  .  .  .  .  199,125,000 fr.

Mais le tableau de la page 359 ne comprend pas deux dépenses
mises par les concessions à la charge des compagnies, sans doute
parce qu'elles ne sont pas actuellement liquides ; ce sont :

Pour la compagnie de Tours à Nantes, la valeur des terrains, à
rembourser par elle, évaluée à 30,000 fr. par kilomètre : pour une
longueur de 195 kilom , c'est une somme de.  .  5,850,000 fr.

Pour la compagnie de Paris à Strasbourg, la
dépense de l'embranchement de Frouard à Metz,
que cette compagnie doit exécuter à ses frais,
dépense évaluée à .  .  .  .  .  .  .  .  .  .  8,160,000
_______________
Total.  .  .  .  .  .  .  14,010,000 fr.

Ces deux articles étant compris pour les sommes ci-dessus dans

Le rapport du 9 mars, qui ne s'occupait que de la loi du 11 juin 1842, ne portait ces engagements qu'à 404 millions; celui du 9 mai, placé toujours au même point de vue, les élève à 514,627,000 francs.

Il serait fort long d'expliquer les différences, et c'est tout à fait inutile, puisque je fournis la preuve de mes chiffres, et que j'arrive d'ailleurs à une somme plus forte que celle dont on s'arme contre l'ancienne-administration.

C'était donc une somme de 527 millions environ pour laquelle cette administration s'était engagée, pour l'avenir, bien entendu, car les dépenses n'étaient pas faites, l'État n'en était pas débiteur, il était le maître de les ralentir ou de les presser, selon ses ressources (1).

Cette situation était-elle au dessus des forces du pays? Ne devait-elle pas être aggravée encore par des mécomptes dans les évaluations des dépenses, par de nouveaux

le chiffre total de 1,109,218,000 fr., doivent faire partie des déductions.

Mais, en outre, l'État est créancier envers les compagnies, en vertu de dispositions autres que celles de la loi du 11 juin 1842, et la raison qui fait déduire les autres avances, lorsqu'on veut apprécier l'étendue des engagements contractés par l'État, doit faire déduire également celles-ci. D'après le tableau de la page 655 du compte des finances, elles se montent à 56,268,000 fr. ; mais dans cette somme se trouvent compris trois articles, montant ensemble à 17 millions, qui figurent aussi dans le tableau de la page 359, et, par suite, dans les 199,125,000 fr. établis plus haut. Ce dernier article ne doit donc être employé que pour 39,268,000 fr.

C'est la réunion des trois sommes qui viennent d'être expliquées. . . . . . . . . . . . . . . . 199,125,000 fr.
            14,010,000
            39,268,000
qui m'a donné le montant de la déduction à ——————
opérer . . . . . . . . . . . . . . 252,396,000 fr.

(1) Voir la note qui termine l'annexe n. 6, page 127.

besoins à satisfaire? Je sais qu'elle était pour beaucoup de personnes un sujet d'inquiétude et de préoccupations; les discussions des Chambres en font foi. D'autres, et j'étais du nombre, avaient plus de confiance dans l'avenir et dans la puissance de leur pays. Une révolution aussi profonde qu'inattendue est venue rendre impossible le jugement de ce litige; mais les hommes impartiaux et réfléchis, dont l'opinion n'attend pas les événements pour se former, et ne se guident pas uniquement sur eux, ne perdront pas de vue que ces dépenses, dont le chiffre paraît considérable, devaient se distribuer entre un certain nombre d'exercices (pour plusieurs les allocations annuelles n'atteignent pas le dixième de l'évaluation totale); que le crédit, un moment troublé par les circonstances calamiteuses qui ont marqué la fin de 1846, tendait chaque jour à se relever; que bientôt les compagnies, encouragées par la progression croissante du produit des lignes exploitées, le seul peut-être qui n'eût pas été arrêté dans sa marche ascendante, auraient continué leur œuvre avec activité et persévérance, et que le souvenir d'une crise due à des circonstances heureusement passagères eût été effacé. Ils n'oublieront pas surtout que le crédit de l'État reposait sur des bases solides, et qu'un calcul bien simple devait lui conserver la confiance de tous. Depuis quinze ans environ les rentes autres que le 3 pour 100 n'avaient pris aucune part dans l'emploi de l'amortissement. La portion de cet amortissement qui leur était réservée était considérée par tout le monde comme disponible, et cette idée avait tellement pénétré dans les esprits, que la décision mentionnée par le ministre dans son rapport, et par laquelle il a suspendu l'exécution de la loi du 10 juin 1833, et privé le 5 pour 100 de l'action de l'amortissement, quoiqu'il fût deséendu bien au dessous du pair, n'a été signalée par personne comme ayant eu de l'influence sur l'intervalle qui sépare le cours de ce fonds de celui du 3. Une des premières mesures financières à prendre était de consacrer en droit ce qui était admis en fait ; et on l'aurait fait sans violation du contrat de l'état avec ses créanciers, par l'introduction, parmi les dispositions d'une loi de conversion, de la suppression de l'amortissement du fonds converti.

Ainsi, tandis que nos budgets présentaient en apparence des déficits, la disponibilité de ce fonds laissait en réalité un excédant considérable des ressources *ordinaires* sur les dépenses de même nature. Pour 1848 la réserve de l'amortissement doit s'élever à 84 millions ; or, si sur cette somme on prélevait 50 millions, et qu'on les négociât successivement au taux du dernier emprunt conclu dans des circonstances défavorables, on obtenait un capital d'un milliard, dont l'intérêt et l'amortissement étaient assurés sans qu'on eût un centime à ajouter aux charges des contribuables. Bien plus, on conservait 34 millions pour faire face, avec l'amélioration des revenus publics, aux découverts des budgets et aux réductions de diversimpôts réclamées par l'opinion. Certes la situation qui permettait de réaliser de telles ressources sans sortir des limites du budget existant n'offrait rien que de satisfaisant.

CHAPITRE IV. — DETTE FLOTTANTE.

« La dette flottante montait dans des proportions non moins considérables.

» Au commencement de 1831, elle atteignait un chiffre d'environ 250,000,000 fr.

» A la date du 26 février dernier, elle dépassait . . . . . . . . . . . . . . 670,000,000 fr.

» Plus, pour les rentes appartenant aux caisses d'épargne. . . . . . . 202,000,000

En tout . . . . . . . 872,000,000 fr.

» Sous un pareil régime, la situation de la caisse centrale du trésor devait être rarement brillante.

» Pendant les deux cent soixante-huit derniers jours de son existence, le gouvernement déchu a dépensé au delà de ses ressources ordinaires 294,800,000 fr.; 1,100,000 fr. par jour !

» Pour alimenter ces dépenses, le gouvernement de l'ex-roi puisait à trois sources : les bons royaux, l'emprunt, les caisses d'épargne.

» Du 12 avril 1847 au 26 février 1848, le chiffre des bons du Trésor est monté de 86 millions à 325 millions.

» Les versements de l'emprunt conclu le 10 novembre 1847 ont été de 82 millions.

» Le reste de l'emprunt sera-t-il réalisé ? On l'ignore. Ce qui est certain, c'est qu'il faudra payer les bons du Trésor.

» Quant aux caisses d'épargne, tout le monde en connaît la déplorable histoire. Sur les 355 millions versés entre les mains de la précédente administration, je n'ai trouvé en compte courant au trésor qu'une soixantaine de millions; le reste était immobilisé en rentes ou en actions. D'où il suit que le gouvernement déchu s'était mis dans l'impossibilité absolue d'opérer les remboursements qui auraient pu lui être demandés. »

J'ai déjà eu occasion de faire remarquer que le chiffre de la dette flottante faisait partie de celui de la dette publique auquel se rapporte le premier paragraphe. Il y a donc ici, comme pour les travaux extraordinaires, répétition d'un grief spécial déjà compris dans une accusation générale. Cela frappe davantage, mais ce n'est pas juste.

Quoi qu'il en soit, je n'hésite pas à reconnaître que la dette flottante avait été élevée dans une proportion considérable. C'était pour en arrêter le développement, qu'au commencement de 1847, appréciant mieux les conséquences des malheurs de 1846 que je n'avais pu le faire lors de la présentation du budget de 1848, j'avais déclaré à mes collègues et à la commission du budget que les travaux publics devaient être restreints à 120 millions par an pour chacune des années 1847 et 1848. J'ai regretté que mon successeur, qui avait été mon contradicteur sur ce point, ait, d'accord avec la commission du budget, élevé cette limite à 150 millions. Toutefois, la justice me fait un devoir de dire que, dans la chambre, et principalement du côté de l'opposition, ministre et commission ont été accusés, non de ne pas réduire assez la dépense, mais de la réduire trop.

La réalisation de l'emprunt aurait d'ailleurs diminué le montant de la dette flottante, et je viens de démontrer qu'à cet emprunt auraient pu en succéder d'autres, sans rien demander de plus au budget.

Enfin il ne faut pas croire que cette dette, quelque élevée qu'elle fût, ne restât pas encore au dessous des forces du pays. Le mouvement des caisses d'épargne, un moment ralenti, avait déjà commencé à reprendre; les bons du trésor, dont on signale l'augmentation, offraient, grâce à la scrupuleuse exactitude avec laquelle ils avaient toujours été remboursés, une ressource précieuse, et en quelque sorte inépuisable. Il suffisait, pour en élever ou en abaisser le chiffre, de modifications légères dans les échéances ou le taux de l'intérêt ; et l'absorption par le trésor, au moyen de ses bons, d'une masse de capitaux considérables, n'avait pas pour les affaires l'inconvénient qu'on lui a reproché quelquefois. Car, d'une part, ces capitaux étaient immédiatement rendus à la circulation par le trésor ; de l'autre, le crédit dont jouissaient les bons leur donnait le caractère d'un véritable papier-monnaie, dont leurs détenteurs pouvaient se servir pour les transactions commerciales. J'ai beaucoup réfléchi sur le système des bons du trésor, et sur les autres combinaisons qui ont été souvent proposées pour remplir le même office, et il m'a paru mériter la préférence sur toutes, même sur les billets de l'Échiquier en usage en Angleterre, avec lesquels nos bons ont au surplus beaucoup d'analogie, notamment en ce qu'ils sont également à échéance fixe, avantage inappréciable pour le crédit et la sécurité du trésor. Le chiffre de 325 millions, auquel ces bons se montaient au 26 février, d'après le rapport, est sans doute élevé, mais si l'on songe qu'une partie était entre les mains des adjudicataires de l'emprunt, qui les destinaient à leurs versements, et qu'il y a eu une époque où les billets de l'Échiquier anglais se sont élevés à 1450 millions, ce chiffre ne doit pas paraître effrayant.

Je ne quitterai pas le sujet de la dette flottante sans dire un mot des caisses d'épargne. M. Garnier-Pagès se plaint que sur 355 millions versés, non pas, comme il le dit, entre les mains de la précédente administration, mais au trésor depuis la création de ces caisses, il n'a trouvé en compte courant qu'une soixantaine de millions ; que le reste était immobilisé, et que le gouvernement déchu s'était mis dans l'impossibilité absolue d'opérer les remboursements qui auraient pu lui être demandés. Plus bas, il revient sur cette impossibilité : *Le gage, incessamment exigible*, dit-il, *n'était plus libre dans ses mains.*

Qu'est-ce à dire ? M. Garnier-Pagès entend-il que le gouvernement devait garder dans ses caisses, en *écus*, le montant des placements des caisses d'épargne ? Il faut bien le croire, puisqu'alors seulement le gage eût été libre dans ses mains. Mais cette opinion, qui ne serait certainement partagée par nulle autre personne au monde, conduirait aux résultats les plus monstrueux : indépendamment de ce qu'auraient d'onéreux pour le trésor des sacrifices d'intérêts annuels sans compensation, ce serait rétrograder aux temps de barbarie, en matière de finances et de crédit, à ces idées de thésaurisation destructives de toute fructification des épargnes ; ce serait faire cent fois plus de mal à la classe ouvrière que ne pourraient lui faire de bien les habitudes d'ordre et d'économie que les caisses d'épargne devaient encourager chez elle : car cet entassement d'écus, ces épargnes incessamment enlevées à la circulation, à mesure qu'elles s'accumuleraient, auraient bientôt arrêté le mouvement des affaires, et amené la ruine du commerce et la cessation du travail.

Que fallait-il donc faire ! Employer d'une manière utile et productive ces capitaux rassemblés par de si petites parcelles et formant des masses si considérables ; donner aux créanciers toutes les garanties, compatibles avec cet emploi, de la fidélité et de la solvabilité du débiteur.

J'ai déjà prouvé, et je prouverai encore mieux tout à l'heure, que l'emploi des capitaux a été fructueux et fécond. En satisfaisant ainsi à la première condition, on exécutait déjà la seconde ; car quel plus grand motif de

sécurité pour le déposant, que l'accroissement de la richesse du dépositaire. Mais, en outre, à la responsabilité
du trésor, qui restait entière, on a ajouté la création ou
l'achat sur la place de rentes ou d'actions toujours immédiatement réalisables, c'est-à-dire qu'on a donné deux
gages pour un.

On ne peut pas reprocher au dernier gouvernement
de ne pas s'être préoccupé du danger qu'offrait, quelque
précaution que l'on prît, le droit de réclamer à volonté
le remboursement immédiat de sommes considérables.
Une loi a été proposée, il y a trois ans, pour atténuer
ce danger inhérent à l'institution. J'ai eu le regret d'être
impuissant à faire pénétrer dans les esprits de la majo-
rité la conviction où j'étais de l'utilité de l'une des dispositions du projet qui donnait aux déposants des facilités
pour entrer au grand-livre. Mais la loi telle qu'elle a été
votée a eu cependant pour effet de restreindre les placements sans porter la moindre atteinte à l'institution et
nuire en rien à l'épargne du travailleur. Elle était aussi
utile à l'époque où elle a été rendue que le serait aujourd'hui une loi qui multiplierait les encouragements
aux placements : si elle n'avait pas été rendue, le poids
de l'engagement de l'état au moment de la révolution
aurait été plus considérable.

Enfin, il ne faut pas oublier que, par application des
règles consacrées en matière de banques de circula-
tions, à mesure que les versements aux caisses d'épargne avaient pris de l'extension on avait augmenté la
réserve en espèces dans les caisses du trésor, qu'ainsi,
tandis que la moyenne des encaisses du caissier central
du trésor, au 31 décembre de 1820 à 1836, n'avait été
que de 15 millions environ, cette moyenne était de plus
de 100 millions de 1837 à 1848. Par suite de cette pré-

caution il paraîtrait qu'au 26 février cet encaisse, y compris les valeurs de portefeuille, se rapprochait de 200 millions, circonstance qu'il eût été peut-être juste que le rapport fît connaître en même temps qu'il signalait l'élévation de la dette flottante.

## Chapitre V. — RÉSULTATS GÉNÉRAUX.

Le reste du rapport de M. Garnier-Pagès a pour objet l'exposé des mesures qu'il soumettait au Gouvernement provisoire. J'ai déjà annoncé que je ne m'en occuperai pas; mais il est deux passages, dans les observations générales qui le terminent, que je dois examiner, parce qu'ils se rapportent au passé; ce sont les suivants :

« La dette nationale, déduction faite des rentes qui appartiennent à l'amortissement, s'élève à 5 milliards 200 millions. Si l'on demande ce qu'a produit cette masse de capitaux, l'esprit s'arrête déconcerté devant la disproportion des moyens avec les résultats.

» Ce qui est certain, ce que j'affirme de toute la force d'une conviction éclairée et loyale, c'est que, si la dynastie d'Orléans avait régné quelque temps encore, la banqueroute était inévitable... La République a sauvé la France de la banqueroute. »

Les mêmes pensées se trouvent dans le rapport du 8 mai, la même phrase le termine. J'ai établi en commençant qu'il y avait erreur dans le chiffre de la dette publique, et qu'elle n'allait pas à 5 milliards au 1er janvier; mais la différence est de peu d'importance. Le point essentiel, c'est de faire la part de chacun des gouvernements qui se sont succédé. Cette part une fois déterminée, j'aurai, pour ne pas sortir du cadre que je me suis tracé, à rechercher s'il est vrai que, pour la partie de la dette qui appartient au gouvernement de juillet, il y a disproportion entre la masse des capitaux employés et les résultats obtenus.

L'objet de ce mémoire étant étranger aux gouvernements antérieurs à 1830, j'ai rejeté dans une annexe (n°5, p.123) ce qui concerne l'origine de notre dette et son accroissement jusqu'à cette époque. On trouvera à la même annexe un tableau de la dette publique de toute nature au 31 juillet 1830, établi avec la même exactitude que ceux qui forment l'annexe n° 1.

Il en résulte qu'au moment de la fondation du gouvernement de juillet cette dette montait à 4,385,250,000

On a vu que lorsqu'il est tombé elle était de . . . . . . . . . . . . 5,007,518,000

C'est donc d'une somme totale de . . 622,268,000 que le capital *nominal* de la dette publique s'est accru pendant les dix-sept ans du gouvernement de Juillet.

Pour être exact, il convient d'y ajouter environ 180 millions de ressources extraordinaires, qu'il a eues à sa disposition, provenant de l'excédant de recette du budget de 1829 ; de celui qu'a présenté le trésor d'Alger sur les dépenses de l'expédition ; des 30 centimes additionnels imposés en 1831, et des ventes de bois de l'État qui ont été réalisées de 1831 à 1835. Mais, d'un autre côté, le gouvernement de juillet n'a trouvé dans la caisse du trésor, en 1830, numéraire et portefeuille, que 65,508,000 fr., et il y avait au 24 février plus de 192 millions ; il n'a trouvé dans les caisses des comptables extérieurs que 73,325,000 fr., et il y avait, au 1ᵉʳ janvier 1848, 106 millions, et environ la même somme, sans aucun doute, au 24 février, les besoins de l'Algérie suffisant pour nécessiter l'excédant : c'est 160 millions représentés sur les 180.

J'ai montré dans la partie de mon travail relative aux budgets que, toute compensatiou faite, l'accroissement des recettes du budget n'avait pas coûté de nouveaux sacrifices aux contribuables, et provenait uniquement du développement de la richesse du pays. Ce n'est donc qu'une somme de 650 millions au plus qui représente à la fois la diminution du capital immobilier de l'État (sans diminution du revenu néanmoins, car celui des forêts a augmenté au contraire), les contributions extraordinaires imposées et l'augmentation du capital *nominal* de la dette. C'est cette somme qui forme la part du gouvernement de juillet dans la masse des capitaux dont parle M. Garnier-Pagès, c'est cette somme qu'il faut mettre en comparaison avec ce qu'elle a produit. Cet examen, par lequel je terminerai ces observations, montrera si, selon les expressions du rapport, *l'esprit doit s'arrêter déconcerté devant la disproportion des moyens avec les résultats.* Il consistera uniquement, au surplus, dans une énumération de ce qui a été fait pendant dix-sept ans avec les ressources ordinaires et extraordinaires dont le gouvernement a disposé, et une appréciation sommaire du profit qu'en a retiré le pays.

La magistrature, dont la position a été sensiblement améliorée dans tous les degrés, la Cour de cassation exceptée, est devenue accessible aux fils de leurs œuvres comme aux favorisés de la fortune; elle a pu être recherchée sans un trop grand sacrifice par l'avocat savant et laborieux auquel la confiance de ses concitoyens assurait une existence honorable. Les bâtiments des tribunaux ont été réparés et aggrandis : des constructions entièrement nouvelles ou des restaurations capitales ont été exécutées aux palais de justice de Lyon, Bordeaux, Rouen, Montpellier, Pau, etc., etc.; une somme considérable a été versée dans les caisses de la ville pour la reconstruction de celui de Paris.

Si les traitements des archevêques et évêques ont éprouvé une forte réduction, ceux des pasteurs des campagnes ont été augmentés. Il en a été de même de ceux des ministres protestants. Le culte israélite a été salarié par l'Etat. La création de plus de quatre mille succursales ou chapelles vicariales a rendu moins pénible aux fidèles l'accomplissement des devoirs de leur religion. Les allocations affectées aux édifices religieux de tout ordre ont été élargies. Les monuments de la foi de nos pères ont été entretenus avec soin, décorés avec grandeur et intelligence; des travaux de haute importance ont été exécutés à Troyes, à Chartres, à Arras, à Paris, à Rouen, à Nevers, à Montauban pour le séminaire protestant.

Les agents de la France à l'étranger ont été mis à même de la représenter plus dignement et de lutter avec moins d'inégalité avec ceux des autres puissances. L'établissement d'un grand nombre de consulats nouveaux a satisfait aux vœux et aux besoins du commerce.

L'instruction primaire a été, pour ainsi dire, créée et mise à la portée du plus pauvre et du plus éloigné des habitants de la France. Quatorze colléges royaux, des facultés nouvelles, des chaires nombreuses, ont été fondés. Nos bibliothèques mieux dotées ont été ouvertes aux heures où l'ouvrier désireux de s'instruire pouvait les fréquenter; des cours pratiques lui ont été offerts aux mêmes heures.

Des sommes considérables ont été consacrées à l'établissement de nouvelles lignes télégraphiques et de communication par le télégraphe électrique, à la construction et à l'appropriation des maisons centrales de détention. Le régime des prisons a été perfectionné, la discipline fortifiée. Le service des enfants trouvés a été régularisé ; les aliénés ont été recueillis et soignés avec autant de sollicitude, d'humanité et de lumière, qu'ils étaient autrefois négligés et maltraités. Toutes les dépenses utiles dont le vote appartient aux conseils électifs des départements, ont reçu des développements incessants et multipliés.

Les encouragements à l'agriculture ont été portés de 29,000 à 1,100,000 fr. La création à Toulouse d'une nouvelle école vétérinaire, à Aix d'une troisième école des arts et métiers, a diminué les frais de déplacement des élèves, appartenant généralement aux classes peu aisées. Les écoles déjà existantes, le Conservatoire des arts et métiers, les établissements thermaux, ont reçu de fortes allocations.

Un effectif plus considérable ; les armes spéciales élevées à une proportion plus en harmonie avec les besoins de l'attaque et de la défense ; des avantages nouveaux accordés aux militaires de tout grade, mais particulièrement aux sous-officiers et aux soldats ; ceux-ci mieux logés, mieux nourris, mieux vêtus ; le matériel de l'armée accru dans toutes les parties ; les établissements militaires multipliés et améliorés; Lyon et Paris entièrement fortifiés ; Grenoble, Besançon et Béfort, doublés de force et d'importance ; d'autres places entreprises ou recevant des ouvrages nouveaux, toutes mises en bon état ; l'Algérie conquise et pacifiée malgré les efforts d'un adversaire redoutable ; des casernes, des hôpitaux, des magasins construits sur tous les points de son territoire ; ses routes ouvertes, ses ports rendus plus vastes et plus sûrs : tels sont les avantages recueillis par le département de la guerre dans cette lutte de perfectionnements et de progrès.

Notre effectif maritime a été également accru ; nos stations navales, fortifiées et répandues sur tous les points du globe, ont secondé la politique et protégé le commerce de la France. Nos arsenaux ont vu combler les vides qu'y avaient laissés les constructions de nombreux bâtiments à vapeur pour la marine et les finances ; de nouvelles cales, des bâtiments de destinations diverses, ont été élevés ou terminés dans nos ports, notamment des ateliers pour la navigation à vapeur. L'établissement d'Indret a été créé, une active et efficace impulsion imprimée aux travaux de Cherbourg. En même temps les dépenses des colonies ont reçu les augmentations nécessaires pour réparer de grands désastres, pour les mettre en état de défense, et pour préparer l'œuvre d'affranchissement qui vient d'être proclamée.

Aux finances, pendant que les frais de l'administration centrale et les rénumérations des receveurs généraux, des payeurs et des employés supérieurs des administrations, subissaient des réductions, et que la progression constante et rapide des revenus publics accroissait, mais dans une proportion bien moins forte, les frais de leur recouvrement, le nombre des agents inférieurs a été considérablement augmenté, non dans l'intérêt du fisc, mais dans l'intérêt du public en général, et du commerce en particulier : car cette augmentation portait à peu près uniquement sur les préposés des douanes, et des postes surtout. Des paquebots de l'État, formant au besoin réserve pour la marine, ont établi des communications régulières avec l'Angleterre, le Levant et la Corse ; le service des malles, augmenté d'un tiers, a acquis d'année en année plus de célérité ; le nombre de bureaux de poste a été presque doublé ; l'envoi des lettres est devenu quotidien dans presque toutes les communes , et a lieu plusieurs fois par jour aux alentours de Paris et de quelques autres grandes villes. Des travaux importants ont été exécutés dans les manufactures de tabacs, en vue de l'économie de la fabrication, du bien-être et de la santé des ouvriers. Enfin les rétributions des préposés du service actif du dernier degré, insuffisantes pour les faire vivre, ont été élevées par des allocations annuelles, qui ne sont pas encore parvenues à leur terme.

J'ai reservé pour le dernier le ministère des travaux publics, parce que c'est celui qui a donné lieu aux dépenses les plus fortes, et aussi les plus productives. Par la même raison, je crois devoir entrer sur ses dépenses dans plus de détails que je n'en ai donné pour les autres ministères.

Les monuments ci-après désignés, commencés avant 1830, ont été terminés depuis cette époque :

L'arc de triomphe de l'Etoile ;

L'Eglise de la Madeleine ;

Le Panthéon,

L'Ecole des Beaux-Arts ;

L'Hôtel du quai d'Orçay ;

La Chambre des Députés ;

La Colonne de Boulogne.

Des constructions importantes ont été entreprises et terminées depuis la même époque :

Au Muséum d'Histoire naturelle ;

Au Collége de France ;

A l'Institution des sourds-muets ;

A l'Observatoire ;

Au Palais de l'Institut ;

A celui du Luxembourg ;

A l'Hôtel des Archives ;

A l'Ecole vétérinaire d'Alfort ;

A la maison de Charenton ;

Aux ministères de l'Intérieur, de l'Instruction publique, du Commerce, des Travaux publics, de la Guerre et de la Justice.

Ont été également terminés :

Le Monument de Juillet ;

L'Institution des Jeunes Aveugles ;

L'érection de l'Obélisque de Louqsor ;

L'Ecole normale ;

L'acquisition et l'appropriation de l'Hôtel de Cluny.

Sont en cours d'exécution, et quelques uns très avancés :

Le dépôt des cartes et plans de la marine ;

La restauration de la Sainte-Chapelle ;

Les grosses réparations à l'école des Mines et à l'école Polytechnique ;

Le tombeau de Napoléon ;

Les archives de la Cour des comptes ;

L'hôtel de la présidence de la Chambre et celui des affaires étrangères, bâtis sur un terrain acquis par l'Etat ;

L'hôtel du timbre ;

La restauration du château de Blois, de l'église Saint-Ouen et de l'amphithéâtre d'Arles.

De tous les travaux qui s'exécutent dans un pays, ce sont ceux des routes qui frappent le moins les esprits, et ce sont cependant ceux qui méritent le plus l'intérêt des économistes et des hommes d'Etat. Quoique ce soit un instrument moins perfectionné que les canaux et les chemins de fer, il est réellement plus utile au commerce, parce qu'il est d'un usage plus étendu et plus général ; c'est en même temps celui dont l'agriculture se sert presque exclusivement : c'est donc celui auquel un gouvernement éclairé doit consacrer le plus d'efforts, et, par une circonstance heureuse , c'est en même temps celui qui lui permet de reverser le plus également sur tous les points du territoire les sommes qu'il en a retirées par le recouvrement des impôts. On va voir si le gouvernement de juillet a failli à cette mission.

Il a été ouvert dans les budgets de 1831 à 1847, pour l'entretien et les grosses réparations des routes royales, des crédits montant en totalité à 416,956,000 fr., qui ont été employés presque en entier, les annulations n'étant que de 40 à 50,000 fr. par exercice. Si les crédits étaient restés tels qu'ils étaient en 1829, leur total, pour dix-sept ans, ne se serait élevé qu'à 309,808,000 fr. C'est donc plus de 100 millions qui ont été ajoutés à la dépense si utile de l'entretien courant.

Les dépenses faites sur les crédits extraordinaires s'élevaient, au 31 décembre 1846 , à plus de 139 millions, auxquels doivent s'ajouter 16,900,000 fr. dépensés en 1847.

Les renseignements statistiques publiés par l'administration des ponts et chaussées font connaître les travaux exécutés à l'aide de ces moyens extraordinaires. En 1824 , la longueur totale des routes royales , ouvertes ou à ouvrir, était de 33,535 kilomètres, dont 1,458 à ouvrir et 14,289 seulement à l'état d'entretien. En calculant les travaux exécutés jusqu'en 1830 d'après ceux qui avaient été faits de 1824 à 1828, on arrive à une longueur totale de 34,520 kilomètres, soit 985 de nouveaux classements, sur laquelle 18,086 à l'état d'entretien. D'après la dernière statistique, publiée en 1845 , le total des routes était de 35,252 kilomètres, qui sont aujourd'hui à peu près livrés à la circulation et en état d'entretien, sauf les

rectifications de pentes et l'achèvement de quelques lacunes auxquelles la loi du 30 juin 1845 a eu pour objet
de pourvoir. En résumé, il a été entièrement construit
plus de 1,500 kilomètres, et porté à l'état d'entretien
plus de 17,000, depuis 1830.

Il n'existe pas pour les routes départementales de statistique qui permette de déterminer quelle est la portion
des travaux exécutée depuis 1830 ; mais on sait que c'est
à partir de cette époque seulement qu'une impulsion énergique a été imprimée à cette nature de travaux. Leur
développement est aujourd'hui de près de 45,000 kilomètres, dont 30,000 à l'état d'entretien, 6,000 à réparer ou à améliorer, et 9,000 à l'état de lacune.

Les routes stratégiques, dont l'importance politique et
économique est si connue, sont terminées complétement
sur toute leur longueur, qui est de 1,500 kilomètres.

60,184 kilomètres de chemins vicinaux de grande
communication étaient classés au 31 décembre 1846 ; on
en comptait près de 32,000 à l'état d'entretien, 9,500
en construction, et 18,700 à l'état de lacune.

Enfin, la longueur des chemins de petite vicinalité dépasse 580,000 kilomètres. Je ne puis indiquer quel est
l'état de viabilité de ces chemins, mais un chiffre suffira
pour faire comprendre l'étendue des améliorations qu'ont
reçues les chemins vicinaux de toute nature. Dans les dix
ans qui ont suivi la loi du 21 mars 1836, il n'a pas été
dépensé pour ces chemins moins de 540 millions, tant en
prestations qu'en argent.

Les travaux des ponts se rattachent à ceux des routes.
Les crédits ordinaires ont pourvu à la construction d'un
certain nombre, dont la dépense est comprise dans les
chiffres indiqués plus haut ; mais il en est beaucoup pour
lesquels il a été ouvert des crédits spéciaux, et il avait

été payé, au 31 décembre 1846 , 20,365,000 fr. On peut citer parmi ceux qui sont terminés : le pont suspendu de la Roche-Bernard, les ponts de Saumur, de Rouen, de Grenoble, de Mantes et de Thionville ; et parmi ceux qui sont en construction , les ponts de Cé et de Bayonne.

En outre, les subventions de l'État ont encouragé l'établissement de 92 ponts, la plupart sur nos principaux fleuves, et d'une grande portée. Je mentionnerai seulement celui de Cubzac, pour lequel la subvention s'est élevée à 1,500,000 fr., qui sont encore à ajouter aux sommes déja énoncées.

Cent millions ont été employés à l'achèvement des canaux de 1821 et 1822 ; 117 aux canaux de la Marne au Rhin, latéral à la Garonne, de l'Aisne à la Marne et de la Haute-Seine. Ce dernier est terminé ; les autres sont très avancés et livrés déjà en partie à la navigation.

En même temps l'industrie en exécutait ou en terminait plusieurs, parmi lesquels ceux de la Sambre à l'Oise, et de Roanne à Digoin, ont une grande importance.

La dépense des canaux eût été presque perdue si la navigation des rivières était restée dans son état d'imperfection. 80 millions déjà employés ont apporté de notables améliorations à celle de la Seine, de la Loire, de la Saône et du Rhône, de la Garonne et du Lot, de l'Yonne, de la Marne, de la Meuse, et de quelques autres. Il n'est pas d'entreprises qui aient reçu plus d'impulsion depuis 1830, comparativement à ce qui se faisait antérieurement. Le crédit annuel d'entretien, travaux neufs et grosses réparations, a en outre été élevé de 2,400,000 fr. à près de 3,000,000 (1).

(1) Dans ces sommes ne sont pas comprises celles qui ont été

Une grande activité a été également imprimée aux travaux des ports maritimes, et une somme de 82 millions y a été employée, indépendamment du crédit ordinaire, qui a été plus que doublé. Les ports de refuge si nécessaires et si imparfaits autrefois des côtes de la Manche offrent un abri plus sûr à nos navires de commerce. Le Havre a pu recevoir les paquebots transatlantiques; les beaux travaux du port de Marseille s'avancent; Saint-Malo, Nantes, La Rochelle, Bordeaux, Port-Vendre, Cette, etc., ont déjà reçu de grands perfectionnements ou étaient en voie de les obtenir.

En outre, près de 4 millions ont été dépensés pour un système d'éclairage de nos côtes sans rival dans le monde.

L'œuvre des chemins de fer a pris un immense développement sous la dernière administration. Au 1$^{er}$ janvier 1841, il y avait 402 kilomètres en exploitation sur des lignes peu étendues, à l'exception de trois chemins qui vont en demi-cercle de Lyon à Roanne, et 456 en construction, comprenant principalement ceux de Paris à Orléans et à Rouen, et de Strasbourg à Bâle. Au 1$^{er}$ janvier dernier la longueur des chemins en exploitation dépassait 2,000 kilomètres, et il y en avait à peu près autant en construction (1). Les sommes dépensées au 31 décembre 1846, en prêts ou en travaux, s'élevaient à 298,600,000 fr., sur lesquels 149 millions doivent être remboursés à l'État, et ont déjà commencé à l'être.

Tel est le résumé fidèle, mais incomplet, des œuvres qui sont propres au gouvernement de juillet, par lesquelles il s'est distingué des gouvernements précédents. Il faudrait un volume pour déterminer, même d'une ma-

consacrées à la réparation des désastres causés par les inondations, et qui pour le service de la navigation dépassent 12 millions.

(1) Voir l'annexe n. 6, page 126.

nière approximative, le bénéfice qu'elles ont procuré au pays ; il faudrait, en effet, pour chaque dépense, pour chaque travail, pour chaque entreprise, rechercher quelle est son utilité, quel motif a décidé son exécution, jusqu'à quel point les espérances qu'on en avait conçues ont été réalisées ou trompées. Un pareil examen dépasserait de beaucoup le cadre que je me suis tracé ; je craindrais, d'ailleurs, de commettre des omissions et des erreurs ; enfin, si je suis bien informé, un travail de ce genre, qui offrirait, on le conçoit, un grand intérêt, avait été commandé et préparé dans les différents ministères. J'ai lieu de croire que dans quelques uns il était très avancé. Le gouvernement nouveau s'empressera, sans doute, de donner cours à la publication de ces documents.

Mais il n'est pas nécessaire d'attendre ces publications pour démontrer d'une manière plus frappante, peut-être, et non moins exacte, que ne le feraient des appréciations de détail, les avantages que le pays a retirés de l'ensemble des mesures dont j'ai présenté l'énumération.

Il est quelques unes de ces mesures dont les conséquences ne peuvent être formulées mathématiquement ; ce sont celles qui s'appliquent à la portion du capital du pays qui n'est pas susceptible d'être dans le commerce : tels sont les monuments publics, les places fortes, les ports militaires ; mais il est évident qu'elles ont ajouté à la splendeur et à la puissance du pays, et que leur utilité ne saurait être contestée.

Il en est d'autres, celles qui concernent le matériel, dont les résultats peuvent être fixés avec plus de précision ; le tableau suivant présente quelques uns de ces résultats :

| Désignation des articles. | Nombre au 1er janvier | | Augmentation. |
| --- | --- | --- | --- |
| | 1830 * | 1846 ** | |
| | fr. | fr. | fr. |
| Bouches à feu . . . . . . . . | 11,152 | 17,668 *** | 6,516 |
| Affûts . . . . . . . . . . | 10,582 | 17,318 | 6,536 |
| Voitures de l'artillerie et des équipages militaires . . . . . . | 8,612 | 17,445 | 8,833 |
| Fusils . . . . . . . . . | 910,334 | 2,200.479 | 1,290,145 |
| Mousquetons et carabines . . . | 48,590 | 180,776 | 132,186 |
| Pistolets . . . . . . . . . | 50,385 | 170,508 | 120,123 |
| Sabres et épées. . . . . . . | 336,326 | 1,361,721 | 1,025,395 |
| Lances . . . . . . . . . | 26,330 | 60,854 | 34,524 |
| Chevaux (effectif moyen des années 1829 **** et 1846 *****). . | 46,863 | 80,028 | 33,165 |

* Discours de M. Roy à la chambre des pairs, séance du 17 janvier 1833, *Moniteur* de 1833, p. 131.

** Compte du matériel de la guerre pour les neuf derniers mois de 1845, p. 799 et suiv. pour l'Intérieur, 835 et suiv. pour l'Algérie.

*** Non compris l'artillerie étrangère.

**** Compte du ministère de la guerre pour l'exercice 1829, p. 236.

***** Même compte pour l'exercice 1846, p. 219.

Les autres parties du matériel ayant été accrues dans la même proportion, on comprend que la valeur totale de ce matériel estimée, au 1er janvier 1830, 180,964,900 fr. (1), se soit élevée, au 1er janv. 1846, à 434,110,000 francs (2). Un nouvel accroissement aura été la conséquence des opérations des années 1846 et 1847.

Un simple rapprochement répond suffisamment, sans doute, en ce qui concerne le matériel de l'armée, à cette phrase du rapport du 8 mai à l'Assemblée nationale :

« Pendant dix-sept ans, la France avait prodigué, non pas les millions, mais les milliards..... *pour n'avoir pas d'armée* (3). »

Quand au personnel, nos braves soldats se chargeront d'y répondre, s'ils se trouvent en face d'un ennemi.

(1) Compte de l'exercice 1829, page 303.

(2) Compte du matériel pour 1845, page 840.

(3) Je dois avertir que les points sont dans le texte du rapport. On aurait pu supposer que je les avais mis pour indiquer une interruption dans ma citation.

Pour le matériel de la marine, les documents officiels manquent, mais des relevés dressés avec soin établissent qu'au 1ᵉʳ janvier 1831 il avait une valeur de 302,240,000 fr. (1), et au 1ᵉʳ janvier 1845 une valeur de 381,171,000 fr. (2). Il est vrai que de cet accroissement de près de 80 millions, il faut déduire de 13 à 14 provenant de changements dans les bases d'évaluation; mais, d'un autre côté, ce matériel a reçu un accroissement sensible en 1846 et 1847, par suite de l'emploi des crédits extraordinaires. Il ne faut pas oublier qu'il a eu à pourvoir à la construction des paquebots des finances, et que notre marine a été éprouvée dans ces dernières années par des sinistres trop fréquents. En calculant sur des termes de comparaison plus sûrs que des évaluations de matières, ces sinistres ont fait perdre à la France des bâtiments de guerre à voiles d'une force totale de 590 canons, des bâtiments de charge de 2,560 tonneaux, et des vapeurs d'une puissance de 2,220 chevaux. Il est résulté de ces pertes une légère diminution dans la valeur des bâtiments à voiles; mais notre marine à vapeur, qui ne comptait que 1,496 chevaux en 1830, en possédait 21,919 au 1ᵉʳ janvier 1847, et la valeur totale du matériel de la flotte était montée de 143,390,000 fr. à 189,716,000 fr.

(1) Approvision., constructions et armem. . 259,775,000
Artillerie. . . . . . . . . . . . 42,465,000

302,240,000

(2) Approvision., constructions, armements. 329,849,000
Artillerie. . . . . . . . . . . . 51,322,000

381,171,000

A cette valeur vient se joindre celle des paquebots-postes de la Méditerranée et de la Corse, qui n'existaient pas en 1830; elle s'élevait, au 31 décembre 1845, en déduisant *le Dante*, qui a péri depuis cette époque, à 11,154,000 fr. Ces paquebots ont une puissance de 3,440 chevaux, et ceux de la Manche, dont la construction et le paiement sont très avancés, en ajouteront une de 360.

L'administration des tabacs possède aussi en constructions et en approvisionnements un matériel assez considérable; ses comptes constatent que, de 1830 à 1847, il s'est accru de 36,554,000 fr. (1).

Les ouvrages exécutés sous la direction du ministère des travaux publics se divisent entre les deux catégories qui ont été établies plus haut. Les uns, productifs de revenus, ont par cela même une valeur vénale : tels sont les canaux et les chemins de fer. Les autres ne sont pas dans le commerce, en France du moins : les routes, les phares, les ports appartiennent à cette catégorie.

(1) *ÉTAT indicatif de la valeur des tabacs, des bâtiments et du mobilier formant le capital de la Régie des Tabacs, aux époques ci-après :*

| Epoques. | Approvisionnements. | Valeur des approvisionnements. | Valeur des immeubles et des machines et objets mobiliers. | Total général du capital de la régie. |
|---|---|---|---|---|
| | kil. | fr. | fr. | fr. |
| Au 1er janvier 1830. . . | 30 511,301 | 41,387,700 | 9,254,700 | 50,642,400 |
| Au 1er janvier 1847. . . | 55,397,760 | 71,175,070 | 15,521,584 | 87,196,654 |
| Différence en plus au 1er janvier 1847 . . . . | 24,886,459 | 30,287,370 | 6,266,884 | 36,554,254 |

Les canaux donnent déjà des recettes, faibles sans doute, comparativement à ce qu'ils ont coûté. Quand un canal est terminé, il faut encore du temps pour qu'il devienne étanche, que la traction soit rendue prompte et peu coûteuse, que le commerce change ses habitudes. Puis la question des tarifs est là. Des mesures étaient préparées pour qu'ils fussent allégés, sans nuire aux droits acquis ; mais l'élévation très rapide des produits montre combien ces voies de communication rendaient déjà de services (1).

Si l'esprit d'association n'a pu, quoique la confiance qui lui est si nécessaire existât au plus haut degré, exécuter seul, comme en Angleterre et aux Etats-Unis, les voies ferrées, dont la prompte construction importait tant à tous les intérêts publics et privés, du moins, les divers encouragements que l'Etat a donnés, garanties d'intérêts, prêts, subventions sous diverses formes, ont eu pour résultat que l'aliénation de ces chemins n'a pas été perpétuelle comme dans ces deux pays : à des époques plus ou moins éloignées, et pour quelques uns assez rapprochées, ils devaient rentrer en sa possession. Ainsi, en assurant immédiatement au public les avantages de ce moyen de communication, on réservait pour l'avenir à l'Etat un revenu qui dédommagera amplement nos neveux de la charge que leur imposera l'accroissement de la dette.

Les routes, on l'a déjà dit, sont encore les voies de transport les plus généralement utiles, et ce sont les

(1) Produits : en 1842 . . . . . . . . . . . . . 3,702,871
— en 1843 . . . . . . . . . . . . . 4,530,869
— en 1844 . . . . . . . . . . . . 4,430,514
— en 1845 . . . . . . . . . . . . 5,473,099
— en 1846 . . . . . . . . . . . . . 5,995,088

améliorations qu'elles ont reçues qui ont le plus contribué au progrès et aux avantages obtenus par le pays qui
nous restent à signaler.

J'ai déjà indiqué à la tribune, en 1842, une des conséquences du développement des travaux publics. Pendant les années les plus prospères de la Restauration,
l'accroissement des revenus publics n'a été en moyenne
que de 9 millions et demi par an. De 1830 à 1846, à
travers les difficultés intérieures et extérieures, cet accroissement a été de 20 millions (524 millions en 1831,
828 en 1846, 304 millions pour quinze ans).

Je ne me servirai pas de cet accsoissement pour répondre à l'assertion du rapport du 8 mai, *que les travaux publics, partout commencés à la fois, nulle part
finis, immobilisaient un capital énorme, longuement
improductif.* On pourrait m'objecter qu'on augmente les
consommations en augmentant les dépenses, lors même
que les dépenses ne sont pas utiles. Sans répliquer que
celles-ci étaient au moins productives pour le trésor, et
sans que j'aie besoin de faire observer combien cette
assertion, que les travaux n'étaient finis nulle part, est
démentie par les détails que j'ai donnés plus haut sur
leur situation, je vais prouver encore mieux qu'il y en a
beaucoup de finis, et qui ont porté leurs fruits, en constatant des résultats que des travaux inachevés n'auraient pu produire.

L'ouverture de voies nouvelles, rendues praticables
par suite, soit de construction entière, soit de suppression de lacunes, et le meilleur entretien des voies déjà
existantes, ont non seulement compensé les dégradations résultant d'une circulation infiniment plus active,
mais encore permis de donner au commerce des facilités
d'un autre genre par un adoucissement notable de la

rigueur des règlements du roulage. La tolérance des poids, relativementà la largeur des jantes, a été augmentée par des dispositions successives : pour le roulage, de 47 p. 100 en hiver, de 41 p. 100 en été ; pour les messageries, de 20 p. 100 pendant la première saison, et de 27 pendant la seconde.

L'amélioration des routes, la diminution des gênes imposées aux transports, ont produit deux résultats : baisse sensible dans les prix, accroissement considérable dans le mouvement des voyageurs et des marchandises. Le premier est constaté officiellement par les marchés du gouvernement pour les transports qu'il a à faire effectuer (1) ; il est de notoriété publique en ce qui concerne les messageries et le roulage (2).

(1) *Administration de l'enregistrement.* — Transport de registres, impressions et papiers timbrés:—en 1830, 12 fr. 20 c. par quintal métrique et par 390 kilomètres (100 lieues de poste), 25 c. de factage à toute distance pris à la valeur la plus élevée pour le timbre des effets de commerce.

Aujourd'hui 9 fr. 48 c. par quintal et par 400 kilomètres, sans factage ni distribution de papiers.

Diminution 25 pour 100.

*Contributions indirectes* — En 1830, par quintal métrique et 390 kilomètres :

Tabacs, roulage ordinaire . . . . . . . . . 11 fr. 85 c.
   —    roulage accéléré. . . . . . . . . 15   »
Poudres, par toute voie. . . . . . . . . . 18   93

Aujourd'hui :

Tabacs, roulage ordinaire, 9 fr. 44 c. : baisse, 20 pour 100.
   —    accéléré, 14 fr.: baisse, 7 pour 100.
Poudres, 14 fr. 60 c. : baisse, 23 pour 100.

(2) Si la baisse n'a été que de 10 pour 100 environ pour les grandes entreprises des messageries de Paris, c'est par des raisons particulières que tout le monde connaît.

Le second est également établi par des chiffres authen-
tiques : le dixième du prix des places des voyageurs et du
transport des marchandises dans les voitures publiques a
produit 5,586,000 fr. en 1829, 10,883,000 fr. en 1846 ;
et cependant les prix, base de la perception, ont baissé,
et la législation sur les chemins de fer a rendu à peu
près illusoire l'impôt sur les marchandises transportées
par ce moyen de communication (1). L'augmentation
de la circulation s'est donc élevée dans une proportion
bien autrement forte encore que le produit de l'impôt.

Il est impossible de déterminer exactement les conséquences économiques de ces deux résultats, mais on peut
se faire une idée de leur importance. Des relevés ont été
faits avec soin du nombre des voyageurs et des quantités de tonnes de marchandises transportées sur nos
routes (chemins vicinaux non compris), et des distances
parcourues : en calculant le coût de ces transports au
prix bien modique de cinq centimes par voyageur et de
quinze centimes par tonne pour un kilomètre parcouru,
on arrive à une dépense annuelle de 600 millions sur ces
voies de communication. On obtient un résultat à peu près
identique en prenant le nombre des chevaux journelle-
ment employés à un prix moyen, établi par les renseignements qui ont été recueillis, de 2 fr. 50 cent. par
jour, conducteur compris. Une réduction d'un sixième
dans le prix amène donc pour le pays une économie annuelle de 100 millions, et certainement la réduction a été
plus forte depuis 1830. Quant aux transports sur les chemins vicinaux, et particulièrement aux transports agricoles, le prix peut n'en avoir pas beaucoup varié, parce

(1) Le produit de cet impôt n'a été que de 1,487 fr. 62 c. en
1846.

qu'il s'agit de petites distances; mais si l'on songe au temps qui est gagné, à la possibilité de diminuer le nombre des attelages et le poids des voitures, à la meilleure conservation des uns et des autres, on reconnaîtra que les avantages procurés à la France par l'ouverture ou l'amélioration des chemins vicinaux sont véritablement incalculables.

Qui pourrait calculer également ce que la facilité des débouchés a ajouté à la valeur vénale des maisons, des usines, et surtout des terres! Quel témoignage plus éclatant de la sollicitude que le gouvernement de juillet n'a cessé d'avoir pour les droits et les intérêts de la propriété; de la propriété, condition essentielle de toute civilisation, fondement de tout ordre social, l'aiguillon le plus actif du travail, sa plus précieuse récompense.

Si l'on n'a pas oublié ce que j'ai dit de l'influence de la cherté de transport sur le prix de revient des produits industriels, on me demandera de prouver que les sacrifices faits par le pays ont, sous ce rapport aussi, trouvé leur compensation. Ces compensations ne peuvent résulter que de travaux achevés; leur existence est nécessaire pour démontrer qu'il n'est pas vrai qu'ils ne sont *finis nulle part*. La réponse sera facile et péremptoire. L'abaissement du prix des transports enrichit le pays; le commerce *spécial*, c'est-à-dire propre au pays, doit augmenter. Cet abaissement rend la traversée du pays moins coûteuse; le transit doit être plus considérable, ainsi que le commerce *général*, c'est-à-dire l'ensemble des opérations que fait la France avec l'étranger, tant pour son propre compte que pour celui des autres nations. Voyons les chiffres (1) :

(1) Tableau du commerce de la France avec l'étranger, publié chaque année par l'administration des douanes.

Le transit était en 1832, première année où il a été constaté, de 14,000 tonnes ; il a été en 1846 de 57,000 : augmentation en plus de 300 p. 100.

Le commerce général a été en 1829, importation et exportation réunies, de 1,226 millions ; il a été en 1846 de 2,437 : augmentation de 1,213, ou à peu près 100 p. 100.

Le commerce spécial a été en 1829 de 988 millions, en 1846 de 1773 : augmentation 785, ou près de 80 p. 100.

Veut-on une preuve plus manifeste encore de l'influence de l'*achèvement* des voies de communication sur le mouvement commercial ? On la trouve dans la progression suivie par le mouvement depuis 1827 et dans la marche de cette progression. Jusqu'en 1834, les travaux publics, et notamment ceux exécutés en vertu de la loi de juin 1833, n'étaient qu'en cours d'exécution ; à partir de 1835, quelques unes des entreprises ont été terminées successivement d'année en année : aussi notre mouvement commercial, de 1827, où il était de 1168 millions, à 1834, où il a été de 1435, ne s'est-il élevé que de 66 millions par an, tandis que de 1834 à 1846 l'augmentation a été de 83 millions.

Les mêmes tableaux du commerce de la France fournissent une autre preuve de l'exactitude des principes que j'ai posés sur les rapports entre les frais de transport et la situation de notre industrie vis-à-vis de l'étranger. Les tissus de soie sont ceux pour lesquels la matière première a le moins de distance à parcourir, et qui ont le plus de valeur relativement au poids. Nos exportations ont été en 1829 de 111 millions, en 1846 de 147 : 30 p. 100 de plus. Pour les tissus de coton : en 1829, 92 millions exportés ; en 1846, 140 : augmentation 170 pour

100. Résultat plus frappant encore ; pour les tissus de laine : en 1829, 30 millions d'exportés, en 1846, 109 : 230 p. 100 de plus! Quelque large que soit la part que l'on fasse aux caprices de la mode et aux progrès de l'industrie de la soie à l'étranger, il faut bien qu'on reconnaisse que, les frais de transport entrant pour une proportion plus forte dans le prix de revient des tissus de laine et de coton que dans celui des tissus de soie, la réduction que les travaux publics ont opérée sur les frais a contribué pour beaucoup aux conquêtes de notre industrie en ce qui concerne les deux premières sortes de tissus. Cela devient plus évident encore lorsqu'on remarque que les progrès ont eu lieu surtout dans les dernières années, c'est-à-dire à mesure de l'achèvement des travaux.

Autre fait ! Nos exportations ont diminué pour les étoffes de lin et de chanvre : elles étaient en 1829 de 35 millions, et avaient été en 1827 de 44 ; elles n'ont plus été que de 26 en 1846. C'est que dans l'intervalle cette industrie a éprouvé une révolution. La filature à la mécanique a détrôné la filature à la main ; et comme la cherté des machines et du combustible est pour nous une cause d'infériorité, il a fallu protéger plus fortement notre industrie sur le marché intérieur, et nous résigner à perdre du terrain sur les marchés extérieurs.

Je m'attends à une objection. Les valeurs que vous indiquez, quoique prises dans les documents de l'administration, ne sont pas exactes ; ce sont des valeurs *officielles* établies en 1826, et qui sont devenues très supérieures aux valeurs réelles : vous exagérez donc l'importance des progrès de notre commerce à l'étranger. Oui, il est vrai que les valeurs officielles ont cessé d'être

exactes, et que le mouvement de notre commerce à l'é-
tranger a pécuniairement une importance moindre que ne
l'indiquent les états de douanes. Mais ces valeurs représentent des quantités, elles en sont la mesure, et comme
cette mesure n'a pas changé, les résultats qui ont été donnés plus haut représentent fidèlement la proportion dans
laquelle ont augmenté les quantités importées et expor-
tées, c'est-à-dire celle de l'augmentation de la partie du
travail national alimenté par nos relations avec l'étranger.
Personne ne soutiendra que les salaires aient diminué
depuis 18 ans; ils ont augmenté, au contraire. Enfin
l'objection repose d'un autre côté sur ce que le prix
des marchandises a beaucoup baissé dans cet intervalle.

L'exécution des travaux publics a donc déjà produit
pour la classe ouvrière, et d'une manière sensible, les trois
avantages qu'ont recherchés ceux qui en ont été les
promoteurs : accroissement de la masse du travail,
hausse des salaires, baisse des objets de consommation.

Tout ce qui vient d'être établi sur des preuves irré-
fragables se résume en quelques lignes :

Un milliard absorbé par l'Algérie; les services ordinaires amplement dotés; un milliard et demi employé en
dehors de ces services à l'accroissement du capital du
pays ; ce capital augmenté dans une proportion inappréciable, mais énorme pour les voies de communication,
les places et les ports, de près de 400 millions pour le
matériel; un bénéfice de 100 millions par an acquis au
pays sur la partie commerciale de ses transports ; un accroissement de plus de 1,200 millions dans le mouvement
annuel de nos relations avec l'étranger ; une plus-value
annuelle aussi de 300 millions dans les revenus publics,
sans charges nouvelles pour les contribuables, plus–value

constatant l'immense progrès de l'aisance générale, des revenus et des capitaux des particuliers, et, en regard de tout cela, une addition de 622 millions au capital de la dette publique de toute nature.

Je le demande à tout homme exempt de préventions, est-ce là avoir trahi les intérêts du pays? Est-ce là *la désorganisation érigée en système, et au bout du système la banqueroute ?*

Les dépenses, dira-t-on, allaient toujours croissant.— On a vu que les seules dépenses controversables étaient celles de l'Algérie et de notre effectif de terre et de mer. Le sentiment national, qui voulait que l'Algérie fût rattachée d'une manière indissoluble à la France, exigeait les premières ; la situation d'un gouvernement issu d'une révolution vis à vis de l'Europe, telle qu'elle était alors, nous condamnait aux secondes. Plus heureux que celui auquel il succède, le gouvernement nouveau reçoit l'Algérie conquise et pacifiée ; son principe est accepté par presque toutes les nations : il pourra faire ce qui n'a pas été possible à ses devanciers.

Les affaires étaient dans un état de crise tant en France qu'en Angleterre et dans d'autres pays (1). — Il est vrai que la mauvaise récolte de 1846 avait imprimé un temps d'arrêt à l'activité des transactions, leur avait même fait faire un pas rétrograde ; il est vrai encore qu'il y avait eu, en Angleterre surtout, des imprudences dans les spéculations sur les chemins de fer et sur les grains. Toutefois, une bonne récolte avait succédé à une mauvaise, le travail reprenait, nos places de commerce avaient résisté aux sinistres si multipliés chez nos voisins, et la crise, dont le

(1) Rapport du 8 mai.

gouvernement n'était pas d'ailleurs responsable, touchait à son terme.

Les engagements à échéance fixe étaient considérables et à des termes rapprochés (1). — J'ai déjà montré, en m'occupant de la dette flottante, qu'il existait des moyens faciles et efficaces de la réduire, et qu'elle était loin de dépasser ce que le pays pourrait en supporter. Si un certain nombre de bons du trésor étaient à courte échéance, le rapport du 9 mars reconnaît qu'en général ils étaient régulièrement distribués sur les divers mois de 1848 et de 1849. Sans doute ces échéances ont dû causer de l'embarras au nouveau gouvernement. Mais est-ce la faute de ceux qui ont administré nos finances en dernier lieu ? Devaient-ils agir dans la prévision d'une révolution, de la chute du gouvernement qu'ils servaient ? Les négociants les plus habiles, les plus probes, les plus prudents, les plus solvables, n'ont-ils pas été surpris, frappés, obligés de courber la tête devant la puissance inexorable des événements ? On sait, et le rapport du 8 mai le rappelle, que *toutes les grandes commotions politiques altèrent forcément le crédit, et, par le crédit, le travail, c'est-à-dire les bases essentielles de la prospérité de l'état.* Lorsqu'on a une explication si vraie et si naturelle de ce qui se passe sous nos yeux, qu'est-il besoin d'en aller chercher qui ne sont nullement fondées ? Pourquoi les uns rejettent-ils la crise commerciale et la stagnation du travail sur la liberté et la concurrence, qui, tant que les pays demeurent calmes, ne font qu'exciter le progrès et accroître la richesse ? Pourquoi les autres imputent-ils la crise financière à une administration qui n'a

(1) Même rapport.

rien ajouté aux charges du pays, et qui a tant accru les moyens de supporter ces charges ?

Disons le hautement, il est un mérite que la République ne saurait revendiquer, bien que M. Garnier-Pagès le lui attribue à la fin de chacun de ses deux rapports. Non, *elle n'a pas sauvé la France de la banqueroute*, car le danger de la banqueroute n'existait pas. Il est un autre mérite qu'avait eu le gouvernement de Juillet, que la République doit ambitionner à son tour, et que ceux qui la dirigent, que tous les bons citoyens, doivent travailler à lui donner, c'est celui de rétablir la confiance, de rasseoir sur ses fondements le pays si profondément ébranlé. J'appelle ce résultat de mes vœux les plus ardents et les plus sincères.

Je dépose ici ma plume ; je l'ai prise pour repousser l'accusation la plus cruelle qui puisse être portée contre des hommes d'honneur, celle d'avoir, non par ignorance, non par imprudence, mais systématiquement, par les motifs les plus égoïstes, conduit leur pays à la banqueroute. Cette accusation, je l'ai dit en commençant, retombait sur moi plus que sur tout autre. Qui oserait me blâmer de l'avoir rejetée loin de moi, loin de tous ceux qui pouvaient en prendre leur part ? Fut-il jamais une défense plus légitime, un devoir plus digne d'être respecté ? Je l'ai accompli sans colère, sans amertume ; j'ai exposé des faits, j'en ai fourni les preuves puisées à des sources presque toujours officielles, toujours sûres. Qu'on me lise et qu'on me juge ; je ne demande ni bienveillance ni indulgence, je réclame impartialité et justice.

# A

## ANNEXE

## Montant du capital nominal de la dette publique au

DETTE PUBLIQUE AU 1ᵉʳ JANVIER 1841.

| Nature des dettes. | Rentes. | Capital nominal. |
|---|---|---|
| 1° Dette consolidée (Voir le compte des finances de 1840, p. 506 et 507) : | fr. | fr. |
| **5 pour 100.** | | |
| Total des inscriptions. . . . . . . . | 147,105,997 | |
| Rentes de la caisse d'amortissem., à déduire. | 12,540,978 | |
| Reste. . . . . . . . . | 134,565,019 | 2,691,300, |
| **4 et demi pour 100.** | | |
| Total des inscriptions. . . . . . , . . | 1,026,600 | |
| Rentes de la caisse d'amortissement . . . | 131,298 | |
| Reste. . . . . . . . . | 895,302 | 19,895,600 |
| **4 pour 100.** | | |
| Total des inscriptions. . . . . . . . | 18,221,123 | |
| Rentes de la caisse d'amortissement. . . | 11,610,016 | |
| Reste. . . . . . . . . | 6,611,107 | 165,277,675 |
| **3 pour 100.** | | |
| Total des inscriptions. . . . . . . . | 35,794,434 | |
| Rentes de la caisse d'amortissement. . . | 12,402,307 | |
| Reste. . . . . . . . . | 23,392,127 | 779,737,566 |
| Total de la dette consolidée. . . . | | 3,656,211,221 |
| 2° Emprunts spéciaux pour canaux et ponts (Même compte, p. 466) . . . . . . . . . . . . , . . . . . . | | 115,894,833 |
| 3° Capitaux de cautionnements (Même compte, p. 521) . . . | | 232,582,246 |
| 4° Dette flottante (même compte, p. 433), déduction faite des bons de la caisse d'amortissement. . . . . . . . | | 261,027,339 |
| Total général. . . . . . . . | | 4,265,715,639 |

# EXES.



1er janvier 1841, au 1er janvier et au 24 février 1848.

### DETTE PUBLIQUE AU 1er JANVIER 1848.

| NATURE DES DETTES. | RENTES. | CAPITAL nominal. |
|---|---|---|
| 1° Dette consolidée (Voir le compte des finances de 1847, p. 452 et 453) : | fr. | fr. |
| **5 pour 100.** | | |
| Total des inscriptions. | 146,749,591 | |
| Rentes de la caisse d'amortissem., à déduire. | 12.540,978 | |
| Reste. | 134,208,613 | 2,684,172,260 |
| **4 et demi pour 100.** | | |
| Total des inscriptions. | 1,026,600 | |
| Rentes de la caisse d'amortissement. | 131,298 | |
| Reste. | 895,302 | 19,895,600 |
| **4 pour 100.** | | |
| Total des inscriptions. | 26,507,375 | |
| Rentes de la caisse d'amortissement. | 16,026,049 | |
| Reste. | 10,481,326 | 262,033,150 |
| **3 pour 100.** | | |
| Total des inscriptions. | 66,525,399 | |
| Rente de la caisse d'amortissement. | 36,885,852 | |
| Reste. | 29,639,547 | 987,984,900 |
| Total de la dette consolidée. | | 3,954,085,910 |
| 2° Emprunts spéciaux pour canaux et ponts (Même compte, p. 503). | | 95,835,099 |
| 3° Capitaux de cautionnements (Même compte, p. 513) | | 235,685,632 |
| Dette flottante (Même compte, p. 407). | | 630,793,610 |
| Total général. | | 4,916,400,251 |

### DETTE PUBLIQUE AU 24 FÉVRIER 1848.

Du 1ᵉʳ janvier au 24 février, les variations qu'ont pu éprouver les emprunts spéciaux et les capitaux de cautionnements, et qui ne sont pas connues, sont sans importance. Il en est de même de la dette consolidée, à l'exception des rentes 3 pour 100 à inscrire par suite des versements de l'emprunt. Les rentes de cette nature inscrites au 1ᵉʳ janvier 1848, et comprises dans les 66,525,399, formant le total des inscriptions audit jour, s'élèvent (*Compte des finances de* 1847, *page* 445) à 715,119 fr. La portion de rentes correspondant au capital de 57 millions, qui seul doit donner lieu à la délivrance d'inscriptions, étant de 2,272,427 fr., il ne restait à inscrire que 1,557,308 fr., dont le capital nominal s'est ajouté à la dette au 1ᵉʳ janvier, soit . . . . . . . . . .   51,910,267

D'après le rapport du 9 mars, la dette flottante au 24 février aurait été de 670 millions, et se serait accrue, par conséquent, de . . . . . . .   39,207,000

La dette, au 24 février, serait donc supérieure de   91,117,267 à celle du 1ᵉʳ janvier (sauf vérification ultérieure), et s'élèverait à peu près à 5,007,518,000 fr.

### *Résumé.*

La dette publique, au 1ᵉʳ janvier 1841, monte, d'après le tableau de l'autre part à . . . . . . . . .   4,265,715,639

D'après le rapport, elle est de . . . . .   4,267,315,402

En plus au rapport   1,599,763

La dette publique, au 1ᵉʳ janvier 1848, d'après le tableau, est de . . . . . . . . .   4,916,400,251

D'après le rapport, elle est de . . . . .   5,179,644,730

En plus au rapport   263,244,479

La balance entre les excédants des deux termes est de 261,744,716 fr.

La dette, au 1er janvier 1841, étant de . .    4,265,715,639
et, au 1er janvier 1848, de . . . . . .    4,916,400,351

Elle s'est accrue dans l'intervalle de . . .    650,684,612
Elle se serait accrue, d'après le rapport, de    912,329,328

Différence égale . .    261,744,716

Du 1er janvier 1841 au 24 février 1848, l'accroissement ne serait encore que de 741,801,879 fr., c'est-à-dire inférieur de 170,527,449 fr. à celui qui est indiqué au rapport.

# ANNEXE N° 2.

### APERÇU SUR LES DÉPENSES QUE L'ALGÉRIE A OCCASIONNÉES A LA FRANCE.

Quelque perfectionnés que soient des procédés de comptabilité, ils ne peuvent saisir tous les éléments de dépenses aussi compliquées, aussi variées, que celles qu'a nécessitées l'œuvre de la consolidation de la domination française en Afrique.

Quelques exemples le feront comprendre.

La guerre a consommé beaucoup de munitions de toutes espèces. On peut déterminer quel a été leur prix de revient, ce qu'elles ont coûté à transporter de France à Alger. Mais il y a une autre partie de la dépense, provenant de leur envoi des poudreries, des arsenaux, aux ports d'embarquement, et cette partie est impossible à déterminer, parce qu'il a été envoyé d'autres munitions dans ces ports pour leurs besoins propres, pour l'escadre du Levant, etc., etc., et qu'au moment des expéditions on ne connaissait pas la destination définitive.

De même, on a dû payer des commissions aux receveurs généraux du littoral chargés de réunir les fonds que l'Algérie absorbait chaque année. Mais ils avaient également à s'en procurer pour les dépenses considérables exécutées à Toulon, à Marseille, sur d'autres points, pour celles des colonies et des flottes de la Méditerranée. Ici encore point de distinction possible.

Il n'est pas possible non plus de calculer le montant de la charge très réelle qui est venue s'ajouter aux pensions militaires.

Des difficultés non moins grandes existaient pour la marine. A chaque instant, dans le cours des mêmes années, les bâtiments changent de destination : tel bâtiment aura été employé quelques mois pour le service de l'Algérie, puis il aura eu une autre destination. Comment fixer la part que chaque service doit prendre dans les dépenses générales d'armement ? Ce sont sans doute ces difficultés qui ont déterminé le département de la marine à ne pas exécuter la disposition de l'article 6 de la loi du 23 mai 1834, qui prescrivait de faire des dépenses relatives à l'Algérie l'objet de chapitres spéciaux dans le budget des dépenses. Il n'a présenté distinctement dans ses comptes que les dépenses de l'expédition même de 1830, qui se sont montées à 20,673,000 fr. Il aurait pu cependant indiquer séparément chaque année les frais spéciaux : 1° des bâtiments à vapeur qui, depuis 1833, font un service régulier de correspondance, dont le nombre a varié de 7 à 17, et était de 11 en 1847 ; — 2° des bâtiments de charge employés régulièrement aussi au transport des troupes ou du matériel de l'armée, au nombre de 6 ou 7 en moyenne ; — 3° enfin, de la station permanente qui surveille tout le littoral, réduite à 4 bâtiments aujourd'hui, mais qui a été beaucoup plus considérable. Peut-être même aurait-on pu, comme on l'a fait pour la grande expédition de 1830, déterminer le chiffre des armements extraordinaires qui ont eu lieu chaque année, et qui, à certaines époques, comme lors de la prise de Constantine et des affaires du Maroc, ont acquis un grand développement.

Je regrette de ne pouvoir indiquer, même approximativement, le chiffre des dépenses de la marine. Mais ce n'est pas aller trop loin que d'admettre qu'en ajoutant le montant de ces dépenses et de celles de la guerre et des finances, qui sont confondues avec le service de l'intérieur, aux dépenses portées dans les comptes, et dont le détail est ci-après, jusqu'en 1846 inclusivement, on arrive jusqu'au 31 décembre 1847 à un chiffre de plus d'un milliard.

*Dépenses faites pour l'Algérie.*

| Exercices. | GUERRE | | FINANCES. | TOTAUX par exercice. | Indication des pages des comptes des divers exercices où sont pris ces résultats | |
|---|---|---|---|---|---|---|
| | dépenses ordinaires. | travaux extraordinaires. | | | pour la guerre. | pour les finances. |
| | fr. | fr. | fr. | fr. | | |
| 1830 | 55,117,000 | » | 173,000 | 35,290,000 | 46 | 498 |
| 1831 | * 8,154,000 | » | 58,000 | 8.212,000 | 330 | 543 |
| 1832 | 13,067,000 | » | 38,000 | 13,105,000 | 308—309 | 573 |
| 1833 | 16,998,000 | » | 64 000 | 17,062,000 | 296—297 | 591 |
| 1834 | 17,660,000 | » | 77,000 | 17,737,000 | 282 | 557 |
| 1835 | 15,722,000 | » | 69,000 | 15,791,000 | 284—285 | 57 |
| 1836 | 25,299,000 | » | 77,000 | 25 376,000 | 291 | 65 |
| 1837 | 37,506,000 | » | 82,000 | 37,588,000 | 289 | 67 |
| 1838 | 38,428,000 | » | 94,000 | 38,522,000 | 285 | 59 |
| 1839 | 38,181,000 | 1,907,000 | 108,000 | 40,196,000 | 253 | 63 |
| 1840 | 64,605,000 | 1,722,000 | 144.000 | 66,471,000 | 251 | 63 |
| 1841 | 71,284,000 | 1,743,000 | 148,000 | 73,175,000 | 307 | 67 |
| 1842 | 73,716,000 | 2,279,000 | 181,000 | 76,176,000 | 277 | 65 |
| 1843 | 74,044,000 | 5,347,000 | 245,000 | 77,536,000 | 239 | 65 |
| 1844 | 74,724,000 | 2,384,000 | 322,000 | 77,430,000 | 197 | 69 |
| 1845 | 80,517,000 | 3,451,000 | 395,000 | 84,063,000 | 181 | 77 |
| 1846 | 100,257,000 | 6,347,000 | 428,000 | 107,032,000 | » | 77 |
| Totaux. | 785,279,000 | 22,780,000 | 2,703,00 | 810,762,000 | | |

* Excédant du pied de guerre sur le pied de paix.

NOTA. A ces dépenses il y a lieu d'ajouter celles de 1847 ; mais il faut en déduire 49 millions provenant du trésor d'Alger, et une somme à peu près égale pour les revenus de l'Algérie attribués au trésor. Ces revenus, peu considérables dans les premières années, ont progressé avec les dépenses et ont pris un développement sensible en 1846 (5 millions en 1845, 13,400,000 en 1846).

# ANNEXE N° 3.

COMPARAISON ENTRE LES RECETTES ET LES DÉPENSES DES EXERCICES
1829 ET 1846 (1).

## RECETTES.

Les recettes de l'exercice 1829 ont été ré-
glées à. . . . . . . . . . . . . . .  1,022,783,000 fr.

Mais dans cette somme est comprise celle de  29,487,000
montant des ressources extraordinaires provenant de l'emprunt en 4 pour 100, qui ne
doivent pas entrer dans les éléments de comparaison. Le total des recettes est donc de . .  993,396,000

Celles de l'exercice 1846 se sont montées à  1,340,890,000

Excédant. . .  347,494,000

Cet excédant se décompose de la manière suivante :

| NATURE DES RECETTES. | 1829. | 1846. | Différence. |
|---|---|---|---|
| En plus au compte de 1846 : | fr. | fr. | fr. |
| Contributions directes . . . . . . . . . | 329,435,000 | 418,538,000 | 89,103,000 |
| Contributions indirectes de toute nature (enregistrement, douanes, contributions indirectes et postes). . . . . . . . . | 581,405,000 | 833,315,000 | 251,910 000 |
| Produits divers . . . . . . . . . . | 11,727,000 | 50,653,000 | 38,926,000 |
| | | | 378,939,000 |
| En moins au compte de 1846 : | | | |
| Coupes de bois en 1829. . . . . . . . | 50,522,000 | | |
| — en 1846. . . . . . . . | 58,383,000 | 11,939,000 | |
| Recettes de 1829 non reproduites en 1846 : Salines de l'est . . . | | 1,238,000 | |
| Ferme des jeux. . . | | 5,500,000 | |
| Loterie . . . . . | | 12,778,009 | |
| | | | 31,445,000 |
| Somme pareille. . . . . . . . . . . . | | | 347,494,000 |

(1) Tous les chiffres reproduits dans cette annexe sont pris dans les lois
de règlement des comptes et dans les comptes officiels des ministres.

*Contributions directes.*

Quoique ces contributions pour 1846 n'aient dépassé celles de 1829 que de 89,103,000 fr., l'excédant est en réalité plus considérable, parce qu'en 1829 une contribution additionnelle était assise sur les bois des communes et des établissements publics pour rembourser l'État des frais d'administration, tandis qu'en 1846 ce remboursement a eu lieu par un autre mode, et son montant est compris dans les produits des forêts. L'augmentation est en réalité de 90,660,000 fr.

Elle se subdivise selon que les impositions s'appliquent aux dépenses générales de l'État ou à des dépenses spéciales.

Dans les premières sont compris les centimes qui, en 1829, étaient spécialement affectés aux dépenses fixes départementales, ainsi qu'aux traitements et remises des receveurs des finances et des percepteurs, centimes réunis, depuis 1831 et 1838, aux fonds généraux. Elles montent, pour l'exercice 1829, à 262,413,000 f.

pour l'exercice 1846, à 290,479,000

Augmentation   28,066,000

Les secondes, composées de fonds affectés aux dépenses départementales, aux dépenses communales, aux non-valeurs et restitutions, et aux frais de premier avertissement s'élèvent, en 1829, à . . . . . . . . . . . . . . . . . . 65,465,000 fr.
en 1846, à . . . . . . . . . . . . . . 128,059,000

Augmentation   62,594,000

On voit déjà que la plus forte partie de l'augmentation ne provient pas des services généraux, mais des services locaux.

En examinant de plus près encore l'augmentation afférente aux services généraux, on reconnaît qu'il n'a été réellement ajouté aux charges publiques, en principal, que 16,026,000 fr., dont le principal des contributions personnelles et mobilières, et des portes et fenêtres, a été accru en 1832, savoir :
Personnel et mobilier. . . . . . . . . 6,839,000 fr.
Portes et fenêtres . . . . . . . . . . 9,187,000

Total. . . 16,026,000

Que le principal des quatre contributions a reçu un autre accroissement (1), qui n'est pas une aggravation des charges des contribuables, mais une preuve du progrès de leurs ressources, résultant de l'activité imprimée aux constructions nouvelles et du développement considérable du commerce et de l'industrie, accroissement qui s'élève à 16,614,000 fr.

Le principal des contributions s'est donc élevé depuis 1829, par ces deux causes très différentes entre elles, d'une somme totale de 32,639,000 fr. (2).

Nous avons vu que les impositions pour dépenses générales ne se sont accrues que de 28,066,000 fr. La différence de 4,572,000 sur le principal, que les centimes additionnels portent à plus de sept millions, provient des dispositions qui ont, à plusieurs reprises, réduit le nombre de centimes affecté aux dépenses générales pour augmenter d'autant les ressources des départements.

L'augmentation des impositions affectées à des dépenses spéciales a été établie plus haut à. . . . . . . 62,594,000 fr.
mais comme il y a eu une diminution sur les centimes cadastraux de . . . . . . . . . . 3,621,000
_______________
elle est en réalité de . . . . . . . . . . 66,215,000

Dans les éléments de ce chiffre il en est trois qui ne figurent pas aux comptes de 1829 :

Les centimes départementaux et communaux pour chemins vicinaux. . . . . . . . . . . . . . 21,234,000 fr.
Les mêmes pour instruction primaire . . . 8,716,000
Et les centimes extraordinaires autorisés par des lois pour les départements . . . . . . 16,173,000
_______________
Total. . . 46,123,000.

Les 20 millions de surplus se composent de 3 millions 613,000

(1) Par suite, pour les patentes, des progrès de l'industrie et du commerce, et, pour les trois autres contributions, des dispositions des lois du 17 août 1835 et du 4 août 1844, qui ont très justement décidé qu'il serait tenu compte dans l'assiette de l'impôt des constructions nouvelles et des démolitions.

(2) Foncier. . . . . . . . . 3,580,000 fr.
Personnel et mobilier. . . 233,000
Portes et fenêtres . . . . 2,301,000
Patentes . . . . . . . 10,500,000
_______________
Total. . . 16,614,000 fr.

francs dont les fonds de secours, de non-valeurs et de premier avertissement, se sont élevés, par suite de l'augmentation du principal, et de 17 millions que la même cause ou les votes des corps électifs ont ajoutés aux centimes départementaux ordinaires ou facultatifs, et aux centimes communaux ordinaires ou extraordinaires.

En résumé, si l'on retranche des 16,026,000 fr. ajoutés au principal des contributions directes en 1832 les 4,572,000 fr. qui ont été transportés des fonds généraux aux fonds départementaux, on arrive à ce résultat que, dans un intervalle de près de 18 ans, pendant lequel la richesse du pays s'était développée dans une proportion infiniment plus considérable qu'à aucune autre époque, les charges des contribuables en matière de contributions directes n'ont été accrues, pour les besoins généraux de l'État, que de 11,454,000 fr.

Et si l'on ajoute aux 16,613,000 fr., dont le principal des contributions s'est accru par les progrès de la prospérité publique, les centimes additionnels sur cet accroissement, montant à 3,404,000 francs (1); si on y ajoute encore les 11 millions dont nous venons de parler, et les 3 millions d'augmentation des fonds de non-valeurs, fonds qui retournent dans les mains des contribuables, on arrive à cet autre résultat, que les frais de construction et d'entretien de cette étendue si considérable des routes départementales ouvertes ou restaurées, cette étendue bien plus grande encore de chemins vicinaux créés depuis 10 ans; que les dépenses de l'instruction primaire imputées sur les budgets des départements et des communes; que les services si onéreux des enfants trouvés et des aliénés; que tant d'autres améliorations introduites sur les votes des conseils généraux et municipaux se soldent avec moins de 56 millions par an ajoutés aux sacrifices des contribuables.

C'est donc 67 millions, en totalité, dont leurs charges ont été augmentées, en ce qui concerne les contributions directes.

---

(1) Ce chiffre a été calculé en ne tenant compte que des centimes ordinaires, y compris 5 centimes facultatifs pour dépenses départementales, et 5 centimes pour dépenses communales, quoiqu'il y eût des centimes extraordinaires en 1829. Le nombre de ces centimes ordinaires est de 47 pour les contributions foncière, personnelle et mobilière, de 18.8 pour les portes et fenêtres, et de 11.8 pour les patentes.

*Produits et revenus indirects.*

On a vu plus haut que les impôts indirects et produits des postes, des tabacs et des poudres, recouvrés par les quatre grandes régies financières de l'Enregistrement, des Douanes, des Contributions Indirectes et des Postes, ont produit en 1846 252 millions de plus qu'en 1829.

Mais on doit déduire de cette augmentation quelques fonds spéciaux rattachés au budget général, en recette et en dépense, depuis 1830, savoir : les droits de chancellerie et du sceau, les frais de plombage des douanes et des contributions indirectes, le livre de poste et l'excédant du produit brut sur le produit net des amendes de contributions indirectes; il faut en déduire également les recouvrements d'amendes et confiscations en matière de douanes et de contributions indirectes, classés aux produits divers en 1829. Ces déductions ramènent l'augmentation à 246,290 fr.

D'assez nombreuses modifications ont été apportées, depuis 1830, aux tarifs des droits dont on vient de comparer les produits. Quelques uns de ces droits ont été augmentés, un très grand nombre ont été diminués. Il convient d'examiner dans quel esprit ces changements ont été effectués, et de déterminer, aussi exactement que possible, quelles en ont été les conséquences.

Dans l'administration de l'Enregistrement les augmentations de droits consistent dans la suppression des priviléges qui avaient été accordés aux communes, hospices et établissements religieux, de ne payer qu'un modique droit fixe pour les transmissions, à titre onéreux ou gratuit; dans l'élévation des droits de mutation pour les mutations par donations ou successions entre parents en ligne collatérale ou entre étrangers; dans l'établissement d'un droit de mutation sur des transmissions d'office; enfin, dans l'accroissement des droits perçus sur certains actes de procédure devant les juges de paix. La convenance, ou même la justice de ces diverses dispositions, ne sera contestée par personne, et il en est quelques unes que beaucoup de personnes aujourd'hui trouvent insuffisantes et voudraient voir aggraver.

Quant aux diminutions, elles ont toutes eu lieu dans l'intérêt public, et plus particulièrement dans celui de la presse et du commerce. Elles portent sur le timbre !des journaux et des effets de commerce, l'enregistrement des baux à vie, la substitution d'un droit fixe au droit proportionnel sur les actes de prêt sur dépôt ou consignation de marchandises, la suppression du timbre pour les œuvres de musique et les écrits périodiques relatifs à l'agriculture. Les plus importantes sont celles qui ont été accordées en matière de faillites par la loi du 28 mai 1834, qu'il serait trop long d'indiquer, et qui ont été omises dans le travail de comparaison exécuté en 1842.

Quelques uns des droits sur lesquels ont porté les réductions n'étant pas présentés distinctement dans les comptes, on ne peut fixer exactement le chiffre pour lequel elles influent sur le résultat des produits de 1846. Mais on ne craint pas d'affirmer que, compensation faite entre les augmentations et les diminutions, l'accroissement des produits provenant de l'élévation des taxes ne va pas à 3 millions, et que le surplus est dû à un nombre plus grand de transactions et au développement des richesses mobilières et immobilières.

Les produits de Douanes ont éprouvé une augmentation considérable. Quelle est, dans cette augmentation, la part qui provient des modifications des tarifs, et celle qui a pour cause l'accroissement progressif du mouvement commercial et industriel, c'est ce que l'administration a toujours regardé comme impossible de déterminer. On le comprend, lorsqu'on sait que la consommation du sucre, du café, du riz, des peaux fraîches, des pierres et terres servant aux arts et aux métiers, etc., dont les droits n'ont pas subi de changement, s'est accrue dans la même proportion que celle des laines en masse, dont les tarifs ont été réduits d'un tiers; de l'acajou, qui ne supporte plus que le quart des droits existant en 1829, etc.

Pour la houille seule, dont les importations ont été huit fois plus considérables en 1846 qu'en 1829, la réduction des droits paraît avoir eu un effet sensible sur le progrès des consommations; encore ce progrès était-il une conséquence obligée du développement des diverses industries et de la mise en exploitation successive des chemins de fer. Mais quelle qu'ait été l'influence des réductions des tarifs, il n'en est pas moins certain que la conséquence a été un allégement pour le redevable, et qu'il est juste d'établir une compensation entre cet allégement et les aggravations d'impôts qui ont eu lieu pour d'autres objets.

Il eut été trop long de faire le calcul de cet allégement pour tous les articles dont les droits ont été abaissés ; mais on peut négliger ceux qui n'ont pas une grande importance. Ce calcul n'est pas sans difficulté à l'égard de quelques articles pour lesquels il n'y a pas eu seulement abaissement du droit, mais encore modifications dans la combinaison des tarifs. Je puis cependant donner pour certaine, grâce aux précautions que j'ai prises, l'exactitude du tableau ci-après, dont la dernière colonne indique, pour les principaux articles, les sommes que les contribuables auraient eu à payer en 1846 au delà de ce que le trésor a reçu, si ces tarifs étaient restés stationnaires. Ces précautions, et l'omission d'un certain nombre de petits articles, me donnent le droit d'assurer que le chiffre obtenu est au dessous de la réalité :

| Désignation des articles. | Proportion pour 100 de la réduction (en moyenne). | Droits perçus en 1846. | Réduction au profit des consommateurs. |
|---|---|---|---|
| | | fr. | fr. |
| Bois d'acajou. . . . . . . . . | 300 | 477,000 | 1,430,000 |
| Bois de teinture. . . . . . . . | 25 | 296,000 | 99,000 |
| Cacao . . . . . . . . . . . | 45 | 1,074,000 | 879,000 |
| Cuivre pur (première fusion) . . | 25 | 146,000 | 49,090 |
| Cochenille. . . . . . . . . . | 66 | 121,000 | 81,000 |
| Coton longue soie (1). . . . . | 100 | 1,393,000 | 1,393,000 |
| Fer en barres à la houille . . . | 25 | 93,000 | 31,000 |
| Fonte brute (d'Angleterre) . . . | 22 | 2,824,000 | 810,000 |
| Houille d'Angleterre . . . . . | 60 | 5,008,000 | 2,163,000 |
| — de Belgique . . . . . | 100 | 1,800,000 | 1,800,000 |
| Huile d'olive . . . . . . . . . | 27 | 9,319,000 | 3,444,900 |
| Indigo . . . . . . . . . . . | 33 | 582,000 | 291,000 |
| Laines en masse. . . . . . . | 33 | 8,332,000 | 4,166,000 |
| Poivre . . . . . . . . . . . | 33 | 875,000 | 437,000 |
| | | | 17,057,000 |

(1) Le droit étant le même pour le coton longue soie que pour le coton courte soie, les états de douane ne distinguent pas les deux espèces. On a évalué au dixième de l'importation totale celle des cotons longue soie : c'était la proportion lorsque ces cotons supportaient un droit plus élevé, et elle ne peut avoir diminué par suite de la réduction du droit à moitié de ce qu'il était.

Je n'ai pas fait entrer dans ce tableau le zinc en plaques ou barres, ni le nitrate de potasse, sur lesquels les réductions ont été

tellement considérables, que j'aurais eu à porter des sommes é-
normes comparativement aux droits perçus. J'ai considéré que
les introductions étaient dues presque uniquement à la réduction des
droits pour ainsi dire prohibitifs; il n'en est pas moins vrai que ces
réductions ont amené des abaissements de prix dont les consommateurs ont bénéficié. Les nombreuses levées de prohibitions qui
ont eu lieu ont produit le même résultat. Il est impossible de tra-
duire en chiffres ces profits des consommateurs, mais on doit en
tenir compte.

Indépendamment de ces réductions, les ordonnances des 23
juillet 1838 et 26 novembre 1842 ont prononcé la suppression
des droits de tonnage sur les navires français employés au cabo-
tage, et des droits de transit. Les premiers s'étaient élevés
en 1829 à . . . . . . . . - . . . . . 217,000 fr.
Les seconds à . . . . . . . . . . . 118,000

C'est encore . . . 335,000 fr.

Ce qui porte à 17,392,000 la somme totale dont les redevables
ont été exonérés.

Mais, d'un autre côté, le besoin de protéger plus efficacement
certaines industries a fait élever les tarifs de quelques articles; et,
bien que le but de ces mesures n'ait eu rien de fiscal, il convient
de tenir compte des surcharges qui en sont résultées pour les consommateurs.

Ces articles sont les suivants :

La graine de sésame, pour laquelle le droit de 5 fr. applicable
en 1829 aux fruits oléagineux à dénommer a été doublé. Les
droits perçus ont été de 1,190,000 fr. Il y a eu surchage, pour
ceux qui les ont acquittés, de 595,000 fr.

Les fils de lins et de chanvre, et les toiles de même substance :
les droits, abaissés d'abord pour les toiles en 1836, ont été haus-
sés tant pour les fils que pour les toiles par la loi du 6 mai 1841.
Une nouvelle hausse a été opérée par l'ordonnance du 26 juin 1842,
sauf pour les provenances de la Belgique. Non seulement les tarifs
sont beaucoup plus élevés, mais les bases de la perception ont été
profondément modifiées. Pour les fils, avant 1841, on distinguait
les espèces, aujourd'hui c'est le degré de finesse qui détermine la
taxe. Pour les toiles, les divisions ont été très multipliées; il serait donc impossible de calculer les sommes payées en plus par les

introducteurs à raison de la hausse des droits. Mais la totalité des sommes perçues en 1846 pour les deux articles ne s'est élevée qu'à 4,714,000 fr.; c'est estimer au plus haut la part qui, dans cette somme, provient de l'aggravation des tarifs que de la porter à 4 millions. En 1847, elle aura été bien moindre, les droits perçus n'ayant pas atteint 2,900,000 fr.

C'est donc environ 4,600,000 fr. à retrancher des allégements accordés aux contribuables: ils s'élèvent encore à une somme de 12,792,000, fort au dessous de la réalité certainement.

Un dégrèvement considérable a été accordé sur les Contributions Indirectes dans les premiers mois qui ont suivi la révolution de 1830. En appliquant les tarifs antérieurs aux quantités qui ont été soumises aux droits en 1846, on trouve que les produits de cette année auraient été augmentées de 45,650,000 fr. (1).

Les réductions de droits de navigation sur les rivières, opérées en 1836 et 1837, ont retranché 1,200,000 fr. sur les recettes qui ont été effectuées en 1846 pour cet objet, et la substitution de ponts à des bacs affermés a exonéré le public, toute compensation faite, de 350,000 fr. Il a été fait aussi une réduction sur le prix de la poudre de mine, descendue de 2 fr. 75 c. à 2 fr., mais elle est balancée par une augmentation sur le prix de la poudre de chasse.

En résumé, l'allégement total accordé aux contribuables sur les contributions indirectes est de 47,200,000 fr. Il a été introduit, en cette matière, des dispositions nouvelles dans les lois, mais elles sont destinées principalement à combattre la fraude. Les résultats sans importance de celle qui a supprimé la remise accordée aux propriétaires vendant au détail le vin de leur crû est compensé par la réduction, sans importance fiscale aussi, de certains droits d'argue prononcée en 1845.

| | |
|---|---|
| (1) Droits de circulation. . . . | 5,337,000 fr. |
| — de détail. . . . . . | 24,356,000 |
| — de consommation . . | 3,180,000 |
| — d'entrée et à Paris . . | 2,568,000 |
| — d'entrée. . . . . . | 4,374,000 |
| — en remplacement de droits d'entrée et de détail (approximativement). . . . | 3,000,000 |
| Bière . . . . . . . . | 2,837,000 |
| Total. . . . . | 45,655,000 |

Je n'ai pas considéré, ni dû considérer, l'impôt sur le sucre indigène comme une charge nouvelle : elle ne fait qu'égaliser les conditions des producteurs de sucre, et les consommateurs ne supportent pas de droits plus élevés qu'en 1829. Une mesure prise récemment me fournit l'occasion de faire remarquer que l'augmentation considérable du produit de la vente des tabacs (66,605,000 fr. en 1829 116,058 en 1846) ne provient pas en entier de l'accroissement de la consommation : une réduction des remises aux débitants, opérée en 1832, y entre pour environ 1,800,000 fr.

Les produits des Postes se sont élevés de 30,755,000 fr., résultat de 1829, à 54,277,000 fr. Dans l'augmentation entrent deux services qui n'existaient pas en 1829, le service

rural pour . . . . . . . . . . . . .   2,656,000 fr.
celui des paquebots de la Méditerranée pour   1,342,000

Total. . . .   3,998,000 fr.

Le surplus, de près de 20 millions, provient du développement des correspondances, conséquence de celui de la prospérité générale et des améliorations introduites dans le service.

Une seule modification a été opérée dans les tarifs : c'est la réduction opérée dans le port des journaux à la fin de 1830. Cette réduction, appliquée dans le sens le plus large par l'administration, ne peut être appréciée mathématiquement, parce qu'il est impossible de tenir compte des divers formats des journaux. Mais comme presque tous ont dépassé la dimension de 30 décimètres carrés au desssus de laquelle la loi du 15 mars 1827 augmentait le prix du port, on ne peut évaluer le dégrèvement qui en résulte à moins d'un million.

Je pourrais ajouter que la taxe du décime rural a été supprimée après 1846; et qu'à partir du 1er janvier 1847, le public a joui sans aucuns frais des avantages d'un service quotidien presque général, tandis qu'en 1829 les seuls bureaux étaient desservis, et que les communes qui n'en possédaient pas étaient obligées de supporter une charge d'environ 600,000 fr. par an pour avoir leurs lettres à des intervalles plus ou moins éloignés.

*Coupes de bois.*

On aura peut-être remarqué avec quelque surprise que le pro-

duit des coupes de bois de 1829 a dépassé de près de 12 millions
celui des coupes de bois de 1846. C'est qu'en 1829, pour échapper
au déficit réel que présentait le budget, on avait eu recours à
l'expédient de faire recette dans un même compte des produits de
coupes de bois de *deux ordinaires*. Mais en réalité, le produit
des coupes de bois de l'année 1829 n'a été que de 24,292,000 fr.,
et celui de l'année 1846 offre un excédant de 14,091,000 fr.
J'ai déjà annoncé que ce dernier renfermait une recette qui, en
1829, faisait partie des contributions directes : la contribution des
communes et des établissements publics pour les frais d'administration de leurs bois. A cet article, qui monte à 1,811,000 fr., il
faut en ajouter un autre : jusqu'en 1838, les procès verbaux imposaient aux adjudicataires, indépendamment de la somme à payer
pour prix des coupes vendues, l'obligation d'exécuter certains travaux d'amélioration, et de supporter les frais d'impression et d'adjudication. Pour se conformer aux règles de la comptabilité, ces
clauses ont été supprimées et remplacées par une addition de 3
pour 100 sur le prix principal, et une autre de 1 1/2 pour cent,
l'une et l'autre au profit de l'état, et les travaux et frais divers
sont portés au budget des dépenses. C'est un nouvel article de
1,300,000 fr. à retrancher de l'excédent ; mais il reste toujours
10,990,000 fr. d'améliorations dans cette nature de produit.

Dans cette somme, la location de la chasse, dont on ne tirait
pas parti en 1829, entre pour 260,000 fr. Le surplus provient
d'accroissements dans les produits de coupes de bois et les produits
accessoires. Ce résultat est d'autant plus remarquable, que dans
l'intervalle il a été aliéné 117,282 hectares de bois. S'il doit être
attribué en partie à la hausse survenue dans le prix des bois, il
n'est pas moins exact de reconnaître qu'il est dû aussi pour beaucoup à une administration de jour en jour plus vigilante, plus
éclairée, aux travaux intelligents exécutés pour l'assainissement et
le repeuplement des forêts. La création de l'école forestière,
œuvre de la restauration, a porté déjà ses fruits, et le bien
préparé pour l'avenir surpasse celui qui a été obtenu pour le
présent.

### *Produits divers.*

L'augmentation de 38,926,000 fr. que présentent ces produitts
tient à diverses causes.

. D'une part, en 1829, ont figuré parmi ces produits les prix de vente de terrains et d'hôtels, et les intérêts de la créance sur l'Espagne, sans recette correspondante en 1846 ; et les amendes des régies financières transportées aux comptes de ces régies ajoutent 5,556,000 fr. à cette augmentation.

De l'autre, le compte de 1846 comprend :

1° Des recettes qui existaient déjà en 1829, mais ne figuraient pas dans les budgets , tels sont : les produits universitaires, les pensions des élèves dans les écoles du gouvernement, la rente de l'Inde, les brevets d'invention , le produit du travail des détenus civils et militaires, les prélèvements pour les invalides, le service des poudres et salpêtres.

2° Des recettes qui n'existaient pas en 1830, et qui sont le résultat ou des événements, comme les revenus de l'Algérie, le remboursement des prêts au commerce, les intérêts d'avance aux compagnies de chemins de fer ; ou des lois intervenues, comme les ressources spéciales des écoles normales, les contingents communaux et particuliers pour les chemins vicinaux, les emprunts des départements, les bénéfices de la Caisse des dépôts.

Ces deux natures de recettes constituent la presque-totalité de l'augmentation, près de 44 millions sur 44,470,000 fr. Les améliorations survenues dans les produits des redevances des mines et des vérifications des poids et mesures, produits qui devaient suivre le progrès général, forment le surplus.

Il ne me reste plus à parler que des recettes qui ont disparu du budget depuis 1829 : ce sont les salines de l'Est, le produit des jeux et le bénéfice de la loterie. L'aliénation des salines de l'Est, en faisant naître le concurrence dans l'Est, a fait baisser le prix du sel dans cette partie de la France.

La suppression de la ferme des jeux et de la loterie , hommage rendu à la morale publique et qui fera l'honneur du gouvernement auquel elle est due , a procuré au pays un soulagement de 18,278,000 fr., montant de la recette du trésor, et, en outre, des sommes bien plus considérables qui passaient des mains des malheureux qui se laissaient entraîner dans celles des fermiers des jeux ou des favorisés de la roue de fortune.

En résumé, les détails dans lesquels je suis entré ont établi que, si les contribuables ont éprouvé, sous le dernier gouvernement,

une aggravation de charges, sur leurs contributions directes,
de . . . . . . . . . . . . . . 67,000,000 fr.
Sur l'enregistrement de. . . . . . . . 8,000,000

Total. . . . 70,000,000

Ils ont été allégés, d'un autre côté :

Sur les douanes de. . . 12,792,000 fr.
Sur les contributions indirectes de. . . . . . . 47,200,000
Sur les postes de. . . . 1,000,000
Sur la loterie et les jeux de. 18,278,000
A quoi il y a lieu d'ajouter
la rétribution universitaire supprimée à partir de 1845 et qui
a produit en 1844 . . . . 1,982,000

81,252,000 fr.

Excédant des adoucissements sur les aggravations. . . . . . . . . . . . . . . 11,252,000 fr.

Ainsi les contribuables, en 1846, soumis aux taxes et aux tarifs d'impôts existant en 1829, auraient eu à supporter un sacrifice plus considérable que celui qui est résulté pour eux des modifications introduites dans ces bases et ces tarifs.

Il faut maintenant examiner si ces impôts recouvrés ont reçu
une utile destination.

## DÉPENSES.

Les dépenses de l'exercice 1829 ont été fixées par la loi de règlement à. . . . . . . . . . . . . . . 1,014,914,000 fr.
Celles de l'exercice 1846 se sont montées à 1,374,072,000

Excédant. . 359,158,000 fr.

Qui se décomposent ainsi qu'il suit :

| Désignation des articles. | 1829. | 1846. | Différences. |
|---|---|---|---|
| *En plus au compte de 1846 :* | | | |
| Dette publique (y compris les in-térêts de la dette flottante et les emprunts pour ponts et canaux, classés en 1829 dans les dépenses des ministères) . . . . . . | fr. 330,964,000 | fr. 372,023,000 | fr. 41,059,000 |
| Dépenses des ministères . . . . | 472,483,000 | 753,350,000 | 280,867,000 |
| Frais de régie, de perception et d'exploitation des impots et re-venus publics . . . . . . . | 128,481,000 | 155,986,009 | 27,505,000 |
| Remboursements, restitutions, pri-mes et non valeurs . . . . . | 44,734,000 | 77,904,000 | 33,170,000 |
| *En moins au compte de 1846 :* | | | 382,601,000 |
| Liste civile et dotations . . . . | 58,252,000 | 14,809,000 | 23,443,000 |
| | 1,014,914,000 | 1,374,072,000 | 359,158,000 |

## *Dette publique.*

Le chiffre de la dette perpétuelle s'est élevé de 200,834,000 fr. à 235,568,000 fr., mais celui des rentes appartenant à la caisse d'amortissement est monté de 37,510,000 fr. à 61,279,000 fr. L'augmentation à la charge du trésor n'est donc que de 10,965,000 francs.

La dotation de la caisse d'amortissement s'est accrue de 8,887,000 fr.;

La dépense des intérêts de la dette flottante, de 7,100,000 fr.

Le service des emprunts spéciaux pour ponts et canaux donne une diminution de 1,150,000 fr.

La réduction du taux de l'intérêt des cautionnements a produit sur ce chapitre une réduction de 2,3000,000 fr.

J'ai donné dans les chapitres 1, 4 et 5, les explications qui s'ap-pliquent à cette partie de la dette.

La dépense de l'ensemble de la dette viagère est descendue de 63,139,000 fr. à 56,102,000 fr. La différence est la compensa-tion entre les diminntions de 5 millions sur les rentes viagères ; de pareille somme sur les pensions ecclesiastiques ; de 6 millions sur les pensions militaires ; de 600 mille francs sur les pensions civiles et de donataires ; et les additions des services nouveaux de pensions de la pairie, de la caisse de vétérance, pour récompense nationale et de l'ancienne liste civile, montant ensemble à 1,900,000 fr., réunis à 7,600,000 fr. d'augmentation des subventions aux fonds de retraite.

Les additions, dont une, celle relative aux pensions de la pairie, n'est qu'un transport d'une partie du budget à une autre, se justifient d'elles-mêmes. Le gouvernement de juillet ne doit pas être responsable de l'augmentation des subventions pour les caisses de retraite. Elle est la conséquence des erreurs commises bien avant lui dans le calcul des bases sur lesquelles doit reposer le système de ces caisses. Si cette question difficile n'a pas reçu sa solution, ce n'est pas qu'il n'ait fait tous ses efforts pour y parvenir.

Je dois faire observer que la diminution sur la dépense des pensions militaires aurait été beaucoup plus considérable si la loi du 16 février 1832, consacrant et étendant les dispositions de l'ordonnance du 10 octobre 1829, n'avait introduit des améliorations sensibles dans les conditions et les fixations des pensions militaires, améliorations dont les officiers, sous-officiers et soldats, profitent depuis cette époque.

*Liste civile et dotations.*

La dotation de la chambre des pairs avait été réduite de 2 millions à 735,000 fr. Mais elle avait été déchargée du service des pensions, qui était passé dans la dette publique.

Celle de la chambre des députés s'était augmentée de 174,000 francs.

La Légion-d'Honneur avait reçu en 1829 3,672,000 fr.; toute allocation avait cessé avant 1846.

La liste civile, qui était de 32 millions en 1829, n'était plus que de 13,300,000 fr. en 1846. C'est 18,700,000 fr. de moins par an. Les sommes reçues par la branche d'Orléans pendant la durée de son règne ont varié suivant les circonstances; en en faisant le relevé complet pour les dix-sept ans et demi, du 1er août 1830 au 31 janvier 1848, on trouve que la branche aînée aurait reçu 316,200,000 fr. de plus.

### Dépenses des ministères.

*Ministère de la justice.*

Dépenses en 1829. . . 19,588,000 fr.
— en 1846. . . 23,173,000

Différence en plus. . 3,585,000 fr.

Sur cette somme, 152,000 fr. ont pour objet des frais extraordinaires d'appropriation et de mobilier.

Mais, d'un autre côté, le compte de 1829 comprend une dépense de 398,000 fr. pour subvention à la caisse des pensions. Cette caisse suffit à son service avec ses propres ressources depuis quelques années.

L'augmentation réelle est donc de 3,831,000 fr.

Il y a eu cependant de légères diminutions provenant de réductions de traitements ou d'indemnités sur les chapitres de l'administration centrale, de la Cour de cassation, des Cours d'assises, et des secours temporaires. Elles montent ensemble à 139,000 fr.

Le chiffre des dépenses est sensiblement le même pour le Conseil d'état, les tribunaux de commerce et de police.

La dépense des Cours royales est aussi de 160,000 fr. inférieure en 1846 à ce qu'elle était en 1829; mais les traitements ayant été augmentés en 1846 même, cette même dépense pour 1847 excède de plus de 1,200,000 fr. celle de 1829. De même, les dépenses des tribunaux de première instance et des justices de paix, supérieures déjà en 1846 de 2,892,000 fr. à celles de 1829, ont été plus considérables encore en 1847. On n'a pas oublié, en effet, que les divers degrés de la magistrature ont été l'objet de mesures qui ont successivement amélioré leur situation. Les traitements étaient fort modiques, au dessous de ceux des agents tout à fait subalternes pour les tribunaux du dernier degré. Aussi ces mesures ont été généralement approuvées; elles servaient les intérêts de la justice en offrant aux jurisconsultes de mérite un dédommagement convenable de l'abandon de leur cabinet. Elles étaient conformes à l'esprit véritable de la démocratie, en ouvrant la carrière honorable de la magistrature aux hommes de talent dénués de fortune.

Mais l'amélioration du traitement des juges de paix avait d'autres avantages. Elle exonérait les justiciables des rétributions qu'ils avaient à payer à ces magistrats ; relevait, par là, la dignité de leurs importantes fonctions, et dégrevait les parties de charges qui pesaient principalement sur les petits propriétaires de campagne.

Une augmentation dont on ne doit pas se féliciter, mais que les besoins de la répression ont exigée, est celle des frais de justice criminelle. Elle s'élève à 1,130,000 fr.

*Ministère des cultes.*

Les dépenses de l'exercice 1829 ( y compris 690,000 fr. portés au ministère de l'intérieur pour les cultes non catholiques) ont été de . . . . . . . . . . . . . . . , . . . 35,481,000
Celles de l'exercice 1846, de. . . . . . . . 38,171,000

Excédant de . . . . . . . . 2,690,000

L'augmentation est en réalité de 3,886,000 fr., la subvention pour l'instruction ecclésiastique secondaire, établie par les fameuses ordonnances de juin 1828, et qui a occasionné en 1829 une dépense de 1,196,000 fr., ayant été supprimée depuis 1830.

Les dépenses suivantes ont été plus considérables en 1829 :

L'administration centrale, qui a coûté 187,000 fr. de moins en 1846 ;

Les traitements et frais de tournée des cardinaux, archevêques et évêques, réduits dans une forte proportion, d'où résulte une diminution de 465,000 fr. ;

Le service intérieur des édifices diocésains, qui a employé 393,000 fr. de plus en 1829 qu'en 1846, particulièrement pour les maîtrises et bas-chœurs des cathédrales ;

Le Chapitre de Saint-Denis, les bourses des séminaires et les secours à d'anciens ecclésiastiques et religieuses, pour lesquels la réduction est, ensemble, de 616,000 fr. ;

Enfin, les travaux ordinaires et extraordinaires des édifices diocésains, dont la dotation est diminuée de 288,000 fr.

D'un autre côté, les traitements des membres du clergé offrent une augmentation de 5,083,000 fr. ;

Les secours aux communes pour les églises et presbytères, une autre de 235,000 fr. ;

Les diverses dépenses du culte protestant ont employé 564,000 fr. de plus, c'est-à-dire qu'elles ont été presque doublées;

Celles du culte israélite, mises à la charge de l'Etat, ont monté à 98,000 fr

On voit que, si les traitements du clergésupérieur ont été fortement atteints, et si l'action du temps a fait diminuer le nombre d'anciens ecclésiastiques à secourir, la dotation du clergé inférieur et celle des pasteurs protestants ont été largement accrues. Il est vrai qu'une partie de l'augmentation de dépense pour le clergé tient à l'extinction des pensions. Mais 1,266,000 fr. sont affectés à l'amélioration du traitement des desservants, et une somme beaucoup plus forte à l'augmentation du nombre des succursales et chapelles vicariales. En comparant ce nombre tel qu'il est indiqué dans les comptes de 1829 et de 1845, à défaut de celui de 1846, on voit qu'en 1829, il n'y avait eu que 23,880 succursales, et 5,012 chapelles vicariales desservies, et qu'en 1845, il y a 27,471 succursales et 5,806 chapelles: c'est 4,385 de plus. On sait quelles pertes de temps et quelles dépenses ont à supporter, pour pratiquer leur religion, les habitants des communes qui n'ont pas de prêtres, et ce sont les plus pauvres, quels sacrifices ils s'imposent pour obtenir l'exercice du culte dans leurs églises. L'établissement de succursales met un terme à ces pertes de temps, à ces sacrifices. Il n'est donc pas de dépense plus digne d'éloges; c'est une part plus forte faite au pauvre dans la distribution du produit des impôts. Les augmentations de traitement aux desservants et de subventions pour les travaux des églises et des presbytères ont le même caractère.

*Ministère des affaires étrangères.*

Les dépenses de l'exercice 1829, déduction faite d'une somme de 366,000 fr. pour le bureau du commerce et des colonies, institution qui a été supprimée, ont été de . . . . 11,392,000

Celles de l'exercice 1846 ont été de . . . . . 10,928,000

Il y a donc eu une diminution de . . . . . 464,000

Les dépenses ont été moindres en 1846 :

Pour l'administration centrale, de . . 116,000 fr.
Pour les traitements de non-activité, de 171,000 fr.
Pour les présents diplomatiques, de 89,000 fr.

Et pour des dépenses diverses extraordinaires, montant à 2,182,000 fr., dont deux millions ont eu pour objet des secours de diverses natures accordés au gouvernement naissant de la Grèce, et le surplus en dépenses dont les analogues sont réparties en 1846 entre les divers chapitres.

En déduisant ces deux millions, et, d'un autre côté, 131,000 fr. de paiements exceptionnels pour le palais de France à Constantinople, on arrive à ce résultat que les dépenses de 1846 dépassent réellement de 1,400,000 fr. celles de 1829. Les diminutions que nous avons indiquées sont couvertes par l'excédant de 1,400,000 francs produit par deux dépenses portées seulement en 1846, 125,000 fr. pour subvention à la caisse des retraites, et 68,000 fr. pour indemnités et secours; et par des augmentations de 243,000 francs sur les traitements des agents en activité, de 406,000 fr. sur les frais d'établissements, de service et de voyages, de 50,000 francs sur les dépenses secrètes, et de 1,102,000 fr. sur les missions extraordinaires et dépenses imprévues.

Les circonstances particulières à l'exercice 1846, telles que les missions en Chine, en Perse et à la Plata; les voyages à Paris de l'ambassadeur de Maroc, d'Ibrahim-Pacha et du bey de Tunis; enfin les mariages espagnols, sont les principales causes de l'augmentation sur les frais de service et les missions extraordinaires. Quant à l'augmentation sur les traitements des agents, elle est le résultat d'une diminution de 277,000 fr. sur les traitements des agents politiques, et d'une augmentation de 520,000 fr. sur les traitements des agents consulaires. L'attention doit se porter sur ce résultat, qui montre que, si la dépense s'est accrue, ce n'est pas pour le personnel de représentation et les situations élevées, c'est pour les agents qui s'occupent directement et plus exclusivement des intérêts du pays. Leur nombre a été augmenté et leur situation améliorée de manière, sinon à les mettre au niveau de ceux de quelques autres pays, du moins à leur permettre de tenir un rang honorable, condition sans laquelle ils ne pourraient exercer d'influence.

*Ministère de l'instruction publique.*

Les services qui constituent maintenant ce ministère étaient en 1829 répartis entre trois divisions :

Les fonds spéciaux de l'Université pour . .  3,705,000 fr.

Le ministère de l'instruction publique pour .  1,824,000

Et les établissements scientifiques et littéraires, au ministère de l'intérieur, pour . . . . .  1,743,000

Total. . .  7,272,000

La dépense de l'exercice 1846 est de. . .  18,419,000

Différence en plus. .  11,147,000

Mais en déduisant, sur l'exercice 1829, des paiements pour l'acquisition de l'hôtel de la rue de Grenelle, construction d'un amphithéâtre à l'Ecole de droit, et autres services extraordinaires pour une somme de 559,000 fr., et sur l'exercice 1846 des dépenses extraordinaires aussi pour 1,024,000 fr. provenant presque en entier d'acquisitions de terrains pour le Muséum d'histoire naturelle, l'augmentation se trouve réduite à 10,682,000 fr.

Elle se décompose de la manière suivante :

Pour l'administration centrale, le personnel supérieur, les services généraux et les administrations académiques : 323,000 **fr.** dont 140,000 fr. viennent du rétablissement de l'Ecole normale, et une grande partie du surplus d'augmentations dans le personnel.

Pour l'instruction supérieure : 1,030,000 fr. provenant de chaires nouvelles dans les facultés de droit ou de médecine ; des écoles de pharmacie, dont la dépense, de 160,000 fr. environ, a été rattachée au budget ; des remises sur les droits d'inscription, d'examen et de diplôme, qui y ont figuré aussi, lorsque le produit de ces droits a été porté dans les recettes, et surtout de la création de plusieurs facultés des lettres et des sciences et de noubreuses chaires.

Pour l'instruction secondaire : 460,000 fr. que coûtent 14 nomveaux lycées et quelques améliorations de détail.

Pour l'instruction primaire : 7,713,000 fr., y compris les dépenses imputables sur les fonds départementaux et les ressources spéciales des écoles normales primaires.

Pour les établissements scientifiques et littéraires : 447,000 fr., qui ont pour cause le rétablissement d'une cinquième classe à l'Institut, des chaires nouvelles au collége de France et au Muséum d'histoire naturelle, et l'entretien du jardin botanique d'Ajaccio.

Pour les bibliothèques publiques : 235,000 fr., consacrés à diverses améliorations, et particulièrement aux séances du soir établies dans l'intérêt de la classe ouvrière et de tous ceux qui ne peuvent disposer de leur journée.

En 1829, les souscriptions, encouragements et indemnités aux écrivains et aux artistes, étaient confondus. Aujourd'hui ce qui concerne les artistes est porté au budget de l'Intérieur. En réunissant les dépenses des deux ministères en 1846, on a une dépense totale de 899,000 fr., à laquelle on doit joindre celle de 150,000 francs pour la publication de documents historiques inédits, publication qui est aussi un encouragement puissant pour beaucoup d'hommes laborieux. Le dernier gouvernement avait donc augmenté de 660,000 fr. par an les dépenses consacrées à encourager les gens de lettres et les artistes, et à venir au secours de leurs besoins.

Toutes les dépenses que je viens d'énumérer portent avec elles-mêmes, je ne dirai pas leur justification, mais leur éloge. Il en est une principalement, celle de l'instruction primaire, qui fera toujours la gloire du gouvernement de juillet : avant lui une allocation de 100,000 fr. seulement sur les fonds généraux se joignait aux sacrifices insuffisants, irréguliers, parce qu'ils étaient facultatifs, que s'imposaient les communes. Aujourd'hui près de 2,900,000 fr. sont fournis par l'état, 4,380,000 fr par les départements, autant par les communes ; 560,000 fr. de ressources particulières sont réunies avec soin ; et, au moyen de cette dotation, le bienfait de l'instruction du peuple s'est répandu jusque sur les points les plus éloignés du territoire.

*Ministère de l'Intérieur.*

Les complications qui sont résultées pour le compte de 1829 des modifications qui sont survenues dans le partage entre deux ou trois ministères de ce qui formait les attributions de celui de l'intérieur au commencement de cette année me déterminent, pour plus de clarté, à présenter un tableau de comparaison par branches principales de services.

| Désignation des articles. | Dépenses de 1829. | Dépenses de 1846. | En plus à 1846. |
|---|---|---|---|
| | fr. | fr. | fr. |
| Administration centrale et archives . . | 1,244,000 | 1,337,000 | 93,000 |
| Dépenses secrètes . . . . . . . . | 1,694,000 | 1,932,000 | 238,000 |
| Lignes télégraphiques . . . . . . . | 700,000 | 1,118,000 | 418,000 |
| Gardes nationales, librairie . . . . . | » | 168,000 | 168,000 |
| Etablissements des beaux-arts, ouvrages d'art, subventions aux théâtres . . . | 1,729,000 | 2,255,000 | 526,000 |
| Conservation d'anciens monuments . . | 82,000 | 595,000 | 513,000 |
| Etablissements de bienfaisance, sociétés de charité maternelle, secours aux indigents . . . . . . . . . . . | 659,000 | 1,896,000 | 937,000 |
| Secours aux condamnés politiques et combattants de Juillet . . . . . . | » | 226,000 | 226,000 |
| Secours aux réfugiés étrangers. . . . | 320,000 | 1,669,000 | 1,349,000 |
| Subventions pour ponts sur les chemins vininaux . . . . . . . . . . . | » | 400,000 | 400,000 |
| Administration départementale. . . . | 7,6 7,000 | 8,111,000 | [464,000 |
| Détention des condamnés . . . . . . | 3,895,000 | 8,305,000 | 4,410,000 |
| Matériel des cours d'appel . . . . . | 220,000 | 431,000 | 274,000 |
| Dépenses extraordinaires . . . . . . | » | 2,686,000 | 2,686,000 |
| Dépenses ordinaires départementales. . | 22,675,000 | 33,239,000 | 10,604,000 |
| Dépenses facultatives et extraordinaires. | 12,238,000 | 45,305,000 | 33,067,000 |
| Dépenses départementales, communales, et sur fonds particuliers. . . . . . | » | 22,094,000 | 22,094,000 |
| | 53,370,000 | 138,767,000 | 78,397,000 |

On voit que l'augmentation sur ce ministère est très considérable. Les causes auxquelles elle est due sont faciles à comprendre, et peu de détails suffiront pour montrer qu'elles sont puisées dans des motifs de nécessité et d'utilité.

Les dépenses des gardes nationales, des condamnés politiques et des combattants de Juillet, ont été des conséquences de la Révolution de 1830.

Les subventions pour constructions de ponts sur les chemins vicinaux, portées depuis plusieurs années au budget, ont servi d'excitation à des travaux bien autrement considérables que le montant des sommes accordées par l'Etat.

Les 2,686,000 fr. de dépenses extraordinaires ont eu pour objet des reconstructions de bâtiments de cours royales, l'établissement de lignes télégraphiques, des travaux à divers monuments, et des subventions pour réparer les dommages causés aux chemins vicinaux par les inondations.

Les dépenses de ces chemins, montant à plus 22 millions en 1846, sont venues prendre place dans les budgets depuis la loi si féconde du 21 mars 1836.

A ces dépenses, qui n'existaient pas en 1829, doit être ajoutée comme ne formant pas une augmentation réelle la portion de celle des maisons de détention compensée par la recette, mentionnée plus haut, du produit du travail des détenus.

Des augmentations pour les réfugiés étrangers ont été commandées par la politique et l'humanité.

Celles que présentent le service des lignes télégraphiques, les encouragements divers aux beaux-arts (qui montent plus haut que ne l'indique le tableau, parce qu'il y a eu réduction des subventions aux théâtres), la conservation des monuments historiques, les secours aux divers établissements de bienfaisance, le matériel des cours d'appel, sont des améliorations incontestables et incontestées.

Il faut remarquer que l'accroissement qu'ont éprouvé les frais de l'administration départementales tient à l'addition des traitements des commissaires de police, au développement des services d'inspection, et à celui du travail des bureaux des préfectures et sous-préfectures, par suite de la multiplication des affaires, et des services nouveaux des chemins vicinaux et des aliénés. Il y a eu, en fait, une diminution de 462,000 fr. sur l'ensemble des traitements administratifs.

Les 10,604,000 fr. dont les dépenses ordinaires départementales se sont accrues proviennent, d'une part, d'augmentation de 300,000 fr. sur le casernement de la gendarmerie, de 2,134,000 fr. sur les prisons départementales; de 7,042,000 fr. sur l'entretien des routes départementales, service plus que doublé; d'un million environ pour les impressions, les archives departementales, et les frais de translation et de route des indigents; et d'une dépense de 3,139,000 fr., conséquence de la législation nouvelle sur les aliénés.

D'autre part, d'une réduction de 200,000 fr. sur la dépense des enfants trouvés, par suite des mesures administratives qui ont été prises, et du transport au service facultatif des dépenses relatives à la mendicité, et des encouragements et secours, deux articles qui, en 1829, se sont élevés ensemble à 2,800,000 fr.

La manière dont sont présentés au compte de 1829 les développements des dépenses facultatives, et dans les comptes de 1846 aussi bien que de 1829, ceux des dépenses sur produit d'impositions extrordinaires et d'emprunts, ne permettent pas des rapprochements de détails. Mais personne n'ignore que c'est presque uniquement pour l'ouverture ou le perfectionnement de routes départementales que les conseils généraux ont voté des impositions ou des emprunts ; c'est donc à cette nature de dépenses, jointe au transport dont je viens de parler, que doit être attribuée l'augmentation de 30 millions que présentent ces deux services.

### Ministère de l'Agriculture et du Commerce.

Par la raison que j'ai donnée pour le ministère de l'Intérieur, j'indique le détail des dépenses des deux exercices.

| Désignation des articles. | Dépenses de 1829. | Dépenses de 1846. | En plus à 1846. |
|---|---|---|---|
| | fr. | fr. | fr. |
| Administration centrale . . . . . . . | 100,000 | 628,000 | 528,000 |
| Subvention aux caisses de retraites . . | » | 117,000 | 1 17,000 |
| Écoles vétérinaires et bergeries. . . . | 269,000 | 705,000 | 436,000 |
| Encouragements à l'agriculture . . . | 29,000 | 929,000 | 900,000 |
| Haras, dépôts d'étalons, etc. . . . . | 1,782,000 | 2,523,000 | 541,000 |
| Conservatoire et École d'arts et métiers. | 380,000 | 1,165,000 | 785,000 |
| Encouragements aux manufactures et au commerce . . . . . . . . . . . | » | 328,000 | 328,000 |
| Encouragements aux pêches maritimes. | 3,786,000 | 4,758,000 | 972,000 |
| Poids et mesures. . . . . . . . . | 686,000 | 724,000 | 58,000 |
| Etablissements thermaux et sanitaires. . | 324,000 | 895,000 | 571,000 |
| Secours spéciaux pour pertes. . . . . | 1,825,000 | 1,919,000 | 94,000 |
| —          pour inondations. . . | » | 998,000 | 998,000 |
| Dépenses diverses . . . . . . . . | » | 65,000 | 65,000 |
| A déduire, en moins à 1846, secours aux colons. . . . . . . . . . . | 996,000 | 810,000 | 6,373,000 186,000 |
| | 10,177,000 | 16,364,000 | 6,187,000 |

Les services qui composent ce ministère ont un tel degré d'utilité, qu'on n'a pas à justifier l'élévation des allocations qui leur sont faites, mais à regretter qu'on n'ait pu aller plus loin : c'est ce qui aurait eu lieu certainement si les événements n'étaient venus y mettre obstacle, et déjà le budget de 1848 avait porté à 1,100,000 fr. le crédit pour encouragement à l'agriculture, encouragement qui n'existait véritablement pas avant 1830, ainsi que le prouve le tableau.

Je dois faire remarquer qu'une partie des dépenses des écoles vétérinaires et bergeries, des arts et métiers, et le chapitre des encouragements aux manufactures, ne constituent pas des augmentations réelles : ce n'est que depuis 1830 que les recettes provenant des bergeries, des pensions des élèves des écoles, et des brevets d'invention, ainsi que les dépenses correspondantes à ces recettes, ont été rattachées au budget.

L'augmentation de la dépense de l'administration centrale provient de ce que le ministère du commerce n'a existé à part que dans les derniers mois de 1829.

*Ministère des travaux publics.*

| Désignation des articles. | Dépenses de 1829. | Dépenses de 1846. | En plus à 1846. |
|---|---|---|---|
| | fr. | fr. | fr. |
| Administration centrale et conseil des bâtiments . . . . . . . . . . . . | 252,000 | 709,000 | 457,000 |
| Subventions aux caisses de retraite. . . | » | 238,000 | 238,000 |
| Personnel des ponts et chaussées . . . | 2,918,000 | 4,727,000 | 1,809,000 |
| Service des mines . . . . . . . . | 435,000 | 678,000 | 245,000 |
| Routes, navigation, ports maritimes, services divers. . . . . . . . . . | 26,910,000 | 50,479,000 | 23,569,000 |
| Subventions pour travaux, avec concession de péage . . . . . . . . . | » | 438,000 | 438,000 |
| Bâtiments civils, entretien et grosses réparations. . . . . . . . . . . | 942.000 | 1,198,000 | 256,000 |
| Dépenses extraordinaires et diverses. . | 1,942,000 | 7,958,000 | 6,016,000 |
| | 33,397,000 | 66,425,000 | 33,028,000 |

Les augmentations considérables que présente ce ministère sont la conséquence des principes d'administration que j'ai exposés dans le chapitre 3. Le ministère des travaux publics a pris une importance chaque jour plus grande. En 1829, ce n'était qu'une administration, très importante sans doute, mais dépendant du ministère de l'intérieur ; aujourd'hui c'est un des plus considérables : ce qui explique la dépense plus grande de l'administration centrale.

Le développement des travaux de toute espèce , des chemins de fer notamment, qui n'existaient pour ainsi dire pas en 1829, a nécessité l'accroissement du personnel des ponts et chaussées. Les progrès de l'industrie ont motivé l'utile création des gardes-mines , et les autres additions à la dépense du service des mines. La mise à l'état d'entretien d'un grand nombre de routes, l'obligation de porter plus d'efforts à la réparation de toutes pour compenser les dégradations résultant d'une circulation plus active, l'achèvement des canaux de 1821 et 1822, de plusieurs ports ; l'amélioration de l'éclairage des côtes, une impulsion plus vive donnée aux semis des dunes, telles sont les causes principales qui justifient le doublement des allocations destinées à pourvoir aux dépenses ordinaires de ces importants services.

Une partie des travaux extraordinaires est indiquée dans l'annexe n° 4. Une autre (3,462,000) a pour objet la réparation des dommages causés par les inondations. Les frais d'études et de surveillance des chemins de fer, de publication de comptes et des travaux divers, forment le surplus.

La dépense des subventions aux compagnies, pour travaux par voie de concession de péage, donne lieu à la même observation que la dépense de même nature qui figure au budget de l'intérieur.

Ministère de la guerre.

Les paiements effectués en 1829 sur les crédits de ce ministère se sont élevées à . . . . . . . . . . . 214,367,000 fr.

Ceux de l'exercice 1846, à . . . . . . 331,282,000

Différence en plus . . . . . . . . . 116,915,000

à laquelle doit encore s'ajouter une somme de   18,482,000

Total  135,397,000

Ces 18,482,000 fr. sont le montant des dépenses extraordinaires occasionnées en 1829 (1) par l'expédition et l'occupation de la

_______

(1) Compte du ministre de la guerre  our l exercice 1829, pages 16, 25, 30 et 37.

Morée, et ne rentrent pas dans le service courant, sur lequel doit uniquement porter la comparaison.

Mais il convient de déduire également des dépenses de l'exercice 1846 celles qui se rapportent à une occupation aussi exceptionnelle et bien plus onéreuse que celle de la Morée. On comprend qu'il s'agit de l'Algérie. Cette dépense s'élève à 104,512,000 fr. Une autre déduction doit être également opérée, c'est celle des dépenses qui, en 1829, ne figuraient pas au compte général de la guerre, parce qu'elles étaient l'objet des comptes spéciaux, et qui, depuis 1830, ont été rattachées au budget de l'État. En voici le détail pour 1846, avec l'indication des pages du compte :

2° Premières mises des remplaçants, et valeur des effets détériorés (dépenses reversées au trésor) [p. 122].    220,000 fr.

1° Pénitenciers militaires et ateliers des condamnés (p. 88). . . . . . . . . . .    177,000

3° Poudres et salpêtres (p. 146). . . . .    3,675,000

4° Nourriture et entretien des élèves des écoles militaires (Saint-Cyr et La Flèche), payés en 1829 sur le produit des pensions (C. des recettes, p. 376). . . . . . . . . . . . .    435,000

Total    4,507,000

Auquel il convient d'ajouter la totalité des dépenses de l'école Polytechnique, portées en 1829 à l'Intérieur (p. 152). . . . . . . . .    545,000

5,052,000

Ce qui réduit l'excédant de 1846 à 25,833,000. Cet excédant provient de compensations entre des augmentations et des diminutions.

Trois causes principales ont concouru à une augmentation :

L'accroissement de l'effectif;

Les changements apportés dans les proportions entre les différentes armes;

Les améliorations introduites dans l'intérêt de l'armée.

La révolution de Juillet avait détruit la partie principale de l'œuvre de 1815. Elle consacrait un principe contraire à celui sur lequel les souverains du continent s'appuyaient : à ce double titre, le gouvernement qu'elle avait fondé a toujours été l'objet de leurs défiances et de leur mauvais vouloir. De là le devoir pour ce gouvernement d'avoir une armée plus considérable que celui de la Restauration. Lorsqu'en 1840 ce mauvais vouloir sembla près de se manifester par des actes, on reconnut que non seulement le nombre des hommes devait être augmenté, mais que les proportions entre les différentes parties dont se compose une armée devaient être modifiées. Des sacrifices annuels durent être imposés au trésor pour accroître sur le pied de paix la force des armes spéciales, plus lentes à former pour la guerre.

Par suite de ces dispositions, l'effectif de l'armée à l'intérieur, qui, en 1829, avait été de . . . (1). 248,760 hommes, a été porté en 1846 à . . . . (2). 265,862

Augmentation . . . . . . . . . . 17,102 hommes.

Chiffre auquel il y a lieu d'ajouter celui du corps de l'infanterie de la marine, payé en 1846 sur le budget de ce département, et dont le service était fait en 1829 par les troupes comprises dans l'effectif de l'armée de terre.

L'effectif moyen des chevaux pour l'intérieur, était en 1829, de . . . . . . . . . . . . . . . . . 46,407
Il a été en 1846, de . . . . . . . . . 60,287

Augmentation . . . . . . . . . . . 13,880 chev.

beaucoup plus forte, relativement, que celle de l'effectif en hommes.

Quant à la part respective des diverses armes dans l'effectif total, le tableau ci-après indique les différences existant entre les deux années.

(1) C. 1827, page 233.
(2) C. 1846, page 314.

| Désignation des corps. | Proportion pour 100 | | En plus. | En moins. |
| --- | --- | --- | --- | --- |
| | en 1829. | en 1846. | | |
| États-majors | 1.52 | 1.35 | » | 0.07 |
| Infanterie | 65.13 | 60.05 | » | 5.08 |
| Cavalerie | 15.16 | 18.48 | 3.32 | » |
| Artillerie | 7.64 | 10.04 | 2.40 | » |
| Génie | 2.10 | 2.17 | 0.07 | » |
| Équipages militaires | 0.30 | 1.01 | 0.71 | » |
| Compagnies sédentaires | 1.96 | 1.28 | » | 0.58 |
| Gendarmerie | 5.54 | 5.62 | 0.06 | » |
| Maison du Roi | 0.65 | » | » | » |
| | 100 | 100 | | |

Les améliorations dans le sort de l'armée se résument ainsi qu'il suit :

Augmentation de solde de la gendarmerie, officiers, sous-officiers et soldats, 1,500,000 fr.

Augmentations de solde successivement accordées aux sous-officiers et soldats de toutes les autres armes (28 centimes par jour aux adjudants sous-officiers, sergents-major, et maréchaux-des-logis chefs; 8 centimes aux sergents et maréchaux-des-logis, 6 centimes aux caporaux et brigadiers, 5 centimes aux soldats), 5 millions.

Augmentations spéciales de solde ou de haute-paie des sous-officiers et soldats, environ 1 million.

Extension donnée aux écoles des régiments, 150,000 fr.

Cheval de première monture accordé aux sous-officiers nommés officiers, 60,000 fr.

Substitution de l'eau-de-vie au vinaigre pendant les chaleurs, et amélioration du couchage, 600,000 fr.

Ensemble plus de 8 millions et demi, ajoutés par an à la dépense de l'armée, pour un plus grand bien-être des sous-officiers et des soldats, indépendamment des perfectionnements introduits dans son habillement et son logement.

Six millions, également ajoutés chaque année à la solde ou aux allocations diverses des sous-lieutenants, lieutenants et capitaines.

460,000 fr. à celle des officiers de santé des hôpitaux.

250,000 fr. à celle des officiers supérieurs, et particulièrement aux frais de représentation des chefs de corps.

Au total, plus de 15 millions.

Il semblerait résulter de là que l'augmentation de l'effectif n'a occasionné qu'un surcroît de dépense de dix millions; mais, en réalité, il est bien plus considérable. La suppression de la maison militaire du roi et de la garde royale a produit en effet des réductions importantes dans les dépenses de la solde, du recrutement et des lits militaires.

La confusion dans les comptes de 1829 des dépenses de l'expédition de Morée avec celles de l'intérieur s'oppose à une comparaison de détails instructive. Mais on peut indiquer les causes de diverses modifications que présentent les dépenses d'une époque à l'autre.

L'accroissement des affaires et l'administration de l'Algérie motivent l'augmentation de 560,000 fr. pour l'administration centrale.

Ce sont les réclamations incessantes des populations, et des conseils électifs, leurs organes, qui ont fait accroître l'effectif de la gendarmerie, ce qui, concurremment avec les améliorations de la solde, a élevé de plus de 3 millions la dépense de ce service.

La part du trésor dans les dépenses de la garde municipale et une subvention aux caisses de retraite sont des services nouveaux, montant à peu près à 2,600,000 fr.

L'augmentation de l'effectif des chevaux et l'élévation des prix d'achat pour encourager la production nationale expliquent un excédant de dépenses de 11,200,000 fr. que présentent en 1846 les services de la remonte, du harnachement et des fourrages.

D'un autre côté, une dépense de 586,000 fr. pour arriéré, une autre de 600,000 fr. pour allocation à l'ordre de Saint-Louis, ne se reproduisent pas en 1846.

La réduction du nombre et du traitement des maréchaux, celle du nombre des officiers-généraux, ont procuré une économie de 2,500,000 fr.

Une autre de près de 3,400,000 fr. résulte des extinctions dans les soldes de non-activité et de réforme, et la suppression des secours aux Vendéens. Elle aurait été plus forte si l'allocation pour secours à d'anciens militaires et à leurs veuves n'avait pas été élevée à plus de 1,100 mille francs. On sait combien d'honorables infortunes sont soulagées avec cette ressource bien modique encore, quoiqu'elle ait été plus que quadruplée.

Je ne quitterai pas le ministère de la guerre sans signaler une circonstance qui prouve l'utilité déjà obtenue de certains travaux. Parmi les crédits ouverts au département de la guerre par la loi du 25 juin 1841, s'en trouvent d'affectés au casernement de cava-lerie et à l'assainissement des écuries. A l'appui de la demande de crédit, on faisait valoir la mortalité croissante des chevaux de cavalerie et la propagation de là morve et du farcin, attribuées par les hommes compétents au défaut d'espace et à la mauvaise dis-position des écuries. L'expérience n'a pas tardé à justifier cette opinion. On voit, dans le projet du budget de la guerre pour 1849, présenté à la fin de l'année dernière (page 28), qu'à me-sure que les travaux ont été exécutés la mortalité a été en dimi-nuant d'année en année. De 126 pour mille en 1841, elle est des-cendue à 68 en 1846 et à 56 en 1847 d'après les résultats des six premières années. Le nombre des chevaux morts du farcin ou de la morve a diminué dans une proportion plus forte encore, 67 à 28 pour mille de 1841 à 1847.

*Ministère de la marine.*

Les dépenses de l'exercice 1829 se sont élevées à. . . . . . . . . . . . . . .   72,935,000 fr.
Celles de l'exercice 1846 à. . . . . .   107,223,000

Excédant. . . . .   34,288,000 fr.

Cet excédant tient à trois causes principales :

En premier lieu la création de services qui n'existaient pas au budget de la marine en 1829 , tels que l'infanterie de la marine, les escouades de gardiennage et de gabiers de port, les compagnies de pompiers, la gendarmerie maritime et les gardes maritimes.

En second lieu, les améliorations introduites dans la condition des officiers, sous-officiers, soldats, matelots et ouvriers. J'indi-querai les principales de ces améliorations ainsi que celles dont l'effet a été postérieur à 1846.

Les troupes de la marine, étant assimilées à celles de la guerre, ont profité des mesures prises en faveur de celles-ci et que j'ai fait connaître plus haut.

Les ordonnances des 30 novembre 1836, 3 mars 1841 et 8 septembre 1846, ont accordé divers avantages aux officiers de marine au-dessous du grade de capitaine de vaissaux, soit par des accroissements de solde ou d'indemnités, soit en changeant la proportion entre les classes dans chaque grade. La solde des élèves, par exemple, a été portée de 800 à 1,000 fr. pour la première classe, de 480 à 600 fr. pour la seconde.

Une ordonnance du 15 avril 1838 a augmenté de 10 centimes par jour la solde à la mer des seconds maîtres de deuxième classe ; de 10 centimes la solde à terre et à la mer des quartiers-maîtres de première classe ; de 10 centimes à terre et de 20 à la mer la solde des quartiers-maîtres de deuxième classe et des matelots de première et de deuxième classe. En outre, une ordonnance du 11 octobre 1836 et une décision royale du 27 septembre 1847 ont accordé des suppléments de fonctions aux marins employés aux manœuvres hautes et au tir des bouches à feu.

La solde des gardiens de port, des gardiens de vaisseaux et des gardiens et rondiers des arsenaux, a été élevée par le budget de 1842 ; le traitement des maîtres de cinquième classe porté de 800 à 1,000 fr. par celui de 1844 et le traitement des mécaniciens augmenté en 1846.

Les salaires des ouvriers faisant partie de l'inscription, dont la fixation remontait à ventôse an XI, ont été élevés, par une ordonnance du 3 mai 1839, de 1 fr. 40 cent. par jour, en moyenne, à 1 fr. 50 cent., et portés à 1 fr. 70 cent. par une seconde ordonnance du 7 décembre 1846. Des suppléments peuvent, suivant la nature et le mérite du travail, élever cette moyenne à 2 fr. 60 c. Les travaux à la tâche procurent une rétribution plus forte, et des primes sont allouées dans des cas déterminés.

Il est inutile de faire remarquer qu'un grand nombre de ces améliorations concernent les matelots et les ouvriers.

La troisième cause de l'excédant de dépenses de 1846 et la plus importante, c'est le développement des armements et des travaux. Les raisons qui ont obligé la France à renforcer son armée de terre ont agi bien plus sur l'effectif de nos forces navales. Depuis plus de trente ans la paix se maintient. Mais c'est une paix pendant laquelle, depuis Navarin, qui en a fourni le premier exemple, il s'est tiré beaucoup de coups de canon, et c'est presque toujours la marine qui a joué le principal rôle. En outre, le développement considérable de notre commerce à l'étranger a exigé l'accroissement du nombre et de la force de nos stations. Enfin, les mesures prises en 1846 pour la répression de la traite ont contribué également à l'augmentation des armements.

Aussi, quoique en 1829 l'expédition de Morée et le différend survenu avec le dey d'Alger eussent nécessité des mesures extraordinaires, l'effectif en bâtiments et marins embarqués a-t-il été bien plus considérable en 1846. En 1829 on a employé, en moyenne, 201 bâtiments, et 25,476 hommes ont été embarqués. En 1845 (1), les bâtiments ont été au nombre de 233, et les hommes embarqués de 28,979. En 1846, il y aura un accroissement sensible sur les uns et sur les autres. L'effectif de l'artillerie a été porté de 3,000 hommes à plus de 4,000. Les diverses parties du personnel du service administratif ont dû s'accroître dans une proportion correspondante.

Les mesures prises pour l'établissement d'un contrôle efficace et l'organisation de la comptabilité en matières ont été une nouvelle cause d'augmentation. Une grande extension a eu lieu sur les dépenses du service scientifique.

Enfin les dépenses de l'école navale, qui s'imputaient en 1849 sur le produit des pensions, ont été depuis cette époque portées au budget, en même temps que la recette sur laquelle elles étaient acquittées.

En résumé, le compte de 1846 présente des excédants de 239,000 fr. sur l'administration centrale, 13,284,000 fr. sur les diverses parties du personnel, 404,000 fr. sur les hôpitaux, 3,500,000 fr. sur les vivres, 4,605,000 fr. sur les salaires d'ouvriers, 8,643,000 fr. sur les autres parties du matériel naval, 115,000 fr. sur les travaux hydrauliques et bâtiments civils, 84,000 fr. sur les chiourmes, 864,000 fr. sur les services scientifiques et dépenses diverses, et 1,302,000 fr. sur les dépenses des exercices clos.

Parmi ces augmentations, dont les motifs viennent d'être expliqués, il en est une dont la modicité pourrait étonner, celle de 115,000 fr. sur les travaux hydrauliques et bâtiments civils, si on ne se souvenait que depuis 1841 des allocations considérables ont été ouvertes au département de la marine, imputables sur les ressources indiquées par les lois des 25 juin 1841 et 11 juin 1842.

_________

(1) Le ministère de la marine n'ayant pas encore publié le compte de l'exercice 1846, je ne puis indiquer que les résultats de 1845.

Les dépenses sur ces allocations se sont élevées en 1846 à 5,462,000 fr., et en 1847 à plus de 20 millions, par suite du développement de celles qui ont pour objet les approvisionnements de nos arsenaux. La presque-totalité des sommes dépensées en 1846 a été affectée à la digue et à l'arsenal de Cherbourg.

Il avait été dépensé pour les travaux de la digue 31 millions avant 1803, 7,600,000 francs sous l'empire, 400,000 francs seulement sous la restauration. De 1830 à 1847, il a été employé 20 millions sur les crédits ordinaires et extraordinaires. La digue peut être considérée comme terminée sous le rapport de la sûreté de la rade. On évalue à 9 millions environ ce qui reste à faire pour la mettre en état de recevoir les travaux de défense, c'est-à-dire pour élever le soubassement des forts à deux mètres au-dessus des plus hautes eaux.

Les dépenses de l'arsenal jusqu'en 1814 avaient été de 20,300,000 f. La restauration y a consacré près de 9 millions; 25 millions y ont été employés de 1830 au 31 décembre 1847. On évalue à plus de 21 millions la dépense restant à faire; encore n'y comprend-on pas des travaux considérables dont les ingénieurs proclament la nécessité.

Le compte de 1829 ne contenait aucune dépense pour le service colonial. J'ai dit qu'une partie était supportée par la guerre; le reste était couvert par les ressources des colonies, et ne figurait pas dans les comptes. Aucune dépense pour ce service n'est comprise non plus dans le chiffre général des dépenses de l'exercice 1847, qui a été rappelé au rapport du 9 mars. Mais ces dépenses sont l'objet d'une disposition particulière de la loi des comptes (article 11 du projet de règlement de l'exercice 1846 récemment présenté à l'Assemblée nationale), et mon travail ne serait pas complet si je n'en disais pas un mot. Le compte de l'exercice 1845, dont le règlement forme l'objet de l'article 11 que je viens de citer, présente une recette de 8,304,000 francs, une dépense de 22,146,000 francs, et un excédant de 13,842,000 francs, auquel il a été pourvu sur les fonds généraux du budget de l'exercice 1845. Les dépenses que le département de la guerre supportait en 1829 pour le service de la marine peuvent être évaluées à 7 millions. C'est donc environ 6,800,000 francs dont les dépenses des colonies ont été augmentées depuis cette époque. Les établissements nouveaux de Nossi-Bé, de Mayotte et de l'Océanie, entrent pour 2,800,000 francs dans cette somme. Le surplus provient d'une plus grande activité imprimée aux travaux de défense, de l'accroissement des forces militaires, et de diverses dépenses dont l'origine remonte au budget de 1840, et sur lesquelles je m'exprimais ainsi, le 22 janvier 1839, en présentant ce budget à la chambre des Députes : « 650,000 francs serviront à l'établissement d'écoles, à l'augmentation du nombre des églises et des ministres du culte, aux frais de patronage des esclaves, en un mot à toutes les dépenses propres à préparer des mesures plus importantes, et à en atténuer les dangers. » Ces mesures viennent d'être prises; j'espère qu'elles ne l'auront pas été prématurément. Je tiens à constater qu'elles entraient dans la pensée des diverses administrations qui se sont succédé sous le dernier gouvernement.

### Ministère des finances.

Pour comparer les deux exercices il faut déduire des dépenses qui forment la 2ᵉ partie du budget de 1829 celles des deux chambres, de la Légion-d'Honneur, de la dette inscrite, et les intérêts de la dette flottante, et y ajouter les traitements et taxations des receveurs des finances et les dépenses des administrations centrales des régies financières. La distinction entre le service de l'administration centrale des postes et celui de Paris n'étant pas faite en 1829, il faut, pour rendre la comparaison possible, rattacher au ministère des finances la dépense du personnel du service de Paris.

Il y a lieu en outre de retrancher, du compte de 1829, 500,000 f. pour frais de refonte d'anciennes monnaies; 848,000 fr. de traitements temporaires ou subventions à la caisse des retraites, portés à la première partie du budget en 1846; et, du compte de cette dernière année, 69,000 de traitements temporaires, 1,978,000 fr. de dépenses extraordinaires pour la démonétisation du billon, 13,000 francs de dépenses de la cour des Pairs, et 1,465,000 fr. de paiements sur exercices clos et périmés, applicables en presque-totalité aux arrérages de la dette publique, et qui n'ont pas d'analogues en 1829.

Par suite de ces modifications, les dépenses sont ramenées aux chiffres ci-après :

Exercice 1829. . . . . . . . . . . . . . . . 21,124,000 fr.
Exercice 1846. . . . . . . . . . . . . . . . 18,135,000 fr.

En moins, en 1846. . . . . . 2,989,000 fr.

On voit que, malgré l'augmentation considérable des recettes et des dépenses depuis 1830, et le surcroît de travail qui en résultait pour les diverses services du ministère des finances, des économies considérables ont été opérées sur les dépenses de ce ministère. Voici le détail par service.

| Désignation des articles. | Dépenses de 1829. | Dépenses de 1846. | Différences. |
|---|---|---|---|
| En moins en 1846 : | fr. | fr. | fr. |
| Cour des comptes . . . . . . . . . | 1,254,000 | 1,148,000 | 106,000 |
| Administration centrale ( y compris le service de Paris pour les postes). . . | 9,727,000 | 7,343,000 | 2,384,000 |
| Monnaies et médailles . . . . . . . . | 360,000 | 225,000 | 135,000 |
| Traitements et frais de service des rece- veurs des finances. . . . . . . . | 5,892,000 | 5,080,000 | 812,000 |
| Traitements et frais de serv. des payeurs. | 1,443,000 | 1,060,000 | 383,000 |
| En plus en 1846 : | | | 4,820,000 |
| Service de trésorerie . . . . . . . | 2,448,000 | 3,279,000 | 831,000 |
| | 21,124,000 | 18,135,000 | 2,989,000 |

Je ne parlerai pas de la diminution sur la cour des comptes, dont les traitements avaient été rétablis en 1847.

Celle que présente l'administration des finances porte tout entière sur le personnel. 872,000 francs proviennent de la suppression de l'administration de la loterie, et des bureaux pour la liquidation des indemnités des émigrés et des colons de Saint-Domingue, remplacés par un bureau pour le service de la caisse de vétérance et des pensionnaires de l'ancienne liste civile. Le surplus s'applique ainsi : 400,000 à l'administration centrale proprement dite, près de 200,000 à l'enregistrement, plus de 300,000 aux postes, 200,000 aux douanes, près de 400,000 aux contributions indirectes et aux tabacs, et 50,000 aux monnaies. L'administration des forêts seule a obtenu une légère augmentation. J'ai déjà fait connaître les résultats avantageux auxquels son action n'a pas été étrangère. On comprend combien les efforts des employés de tous les degrés des diverses branches de l'administration centrale des finances ont dû être supérieurs à ceux qu'ils avaient à faire avant 1830, où ils étaient plus nombreux pour un travail moindre.

Les dépenses du matériel des finances ont été les mêmes en 1846 qu'en 1829. Ce n'est pas à dire pour cela qu'il n'y ait eu d'utiles réformes dans cette partie. Les frais de tournée des sept inspecteurs des finances ont été accrus de 40,000 francs par suite, non d'allocations plus élevées, mais d'un service plus actif. Les secours ont employé 10,000 francs de plus, les frais judiciaires 6,000. Les prescriptions des lois et les demandes des chambres ont occasionné sur les frais d'impression un excédant de dépense de 70,000 francs. Il a fallu que toutes ces augmentations fussent compensées par des économies dans les fournitures de bureau et les frais d'entretien, de chauffage, d'éclairage, etc.

Les receveurs des finances avaient eu à effectuer, en 1829, un recouvrement d'un milliard; en 1846, ces recouvrements ont monté à 1340 millions; et cependant, par suite des réductions successives que ces comptables ont subies, leurs émoluments de toute nature ont été inférieurs de plus de 600,000 fr. à ceux de 1829. Ils sont descendus de 5,9 à 3,8 pour mille.

La même observation s'applique à la situation des payeurs : dépenses beaucoup plus fortes, rétributions diminuées de plus d'un quart.

Un seul service a coûté plus cher en 1846 qu'en 1829, c'est celui de trésorerie. L'excédant est de 831,000 francs ; mais, sur cette somme, il faut déduire 428,000 francs qui s'appliquent au service de trésorerie et des postes en Algérie. Il ne reste donc plus qu'une dépense de 2,851,000 francs à opposer à une de 2,448,000. En 1829, les opérations de recettes et de dépenses publiques s'étaient élevées à 2 milliards, ce qui donnait, pour les frais de trésorerie, une proportion de 0 f. 12 c. 24 m. pour 100 francs. En 1846, ces mêmes opérations ont atteint un chiffre de 2,950,000,000, et la proportion de ce qu'a coûté le service de la trésorerie a été au-dessous de 0 f. 10 c. pour 100 francs. Il y a donc eu, en réalité, les mêmes améliorations sur ce service que sur les autres.

*Frais de régie, de perception, et d'exploitation des impôts et revenus publics.*

En retranchant du compte 1829 les dépenses des administrations centrales des régies financières et les allocations des receveurs des finances, et de celui de 1846 les frais du service des postes à Paris, qui a été compris dans les chiffres que je viens de discuter, on arrive aux résultats suivants :

Dépenses de 1829 . . . . . . . . . . 121,125,000 fr.

Dépenses de 1846 . . . . . . . . . . 155,165,000

Excédant en 1846. . . 34,040,000

Cet excédant s'augmente encore d'une somme de 3,027,000 fr., montant de ce qu'a coûté la loterie en 1829, déduction faite des frais de son administration centrale; ce qui le porte à 37,067,000 francs. Il se décompose ainsi qu'il suit :

| Désignation des articles. | Dépenses de 1829. | Dépenses de 1846. | Différence. |
|---|---|---|---|
| **En plus en 1846 :** | fr. | fr. | fr. |
| Contributions directes . . . . . . . | 13,934,000 | 15,735,000 | 1,801,000 |
| Enregistrement et timbre. . . . . . | 10,232,000 | 11,306,000 | 1,074,000 |
| Forêts . . . . . . . . . . . . | 3,621,000 | 5,963,000 | 2,342,000 |
| Douanes. . . . . . . . . . . . . | 23,778,000 | 25,704,000 | 1,926,000 |
| Contributions indirectes . . . . . . | 23,244,000 | 25,908,000 | 2,667,000 |
| Tabacs . . . . . . . . . . . . . | 23,193,000 | 35,686,000 | 12,493,000 |
| Postes (personnel de Paris déduit). . . . | 14,711,000 | 33,159,000 | 18,428,000 |
| **En moins en 1846 :** | | | 40,731,000 |
| Cadastre. . . . . . . . . . . . . | 5,388,000 | 1,724,000 | 3,664,000 |
| | 118,098,000 | 155,165 000 | 37,067,000 |

La diminution sur la dépense du cadastre tient à ce que cette opération, étant très avancée, ne se continue que dans un très petit nombre de départements.

La plus forte partie de l'augmentation sur les contributions directes, près de 1,400,000 fr., porte sur les remises des percepteurs, qui se seraient élevées plus haut encore si le taux n'en avait pas été réduit. Le surplus provient de la création de nouveaux contrôles dans l'intérêt d'une meilleure assiette de l'impôt et d'un plus prompt examen des réclamations, l'élévation des frais de premier avertissement, les frais de confection de rôles spéciaux, etc., dépenses compensées en partie par une diminution dans les frais de bureau des directeurs.

L'accroissement des produits a pour conséquence l'élévation des taxations 'des agents chargés de les percevoir et des diverses dépenses administratives, telles que : fournitures et impressions, frais de poursuites et d'instances, et autres; cette cause d'augmentation existe pour toutes les administrations financières.

Les autres circonstances qui sont venues s'y joindre sont :

Pour l'Enregistrement : des facilités nouvelles données au public, en ce qui concerne le timbre et les frais d'entretien et contributions de biens de la liste civile de la restauration, réunis au domaine de l'état, et de terrains des fortifications. L'augmentation des dépenses de l'enregistrement a été atténuée de 250,000 fr., par des réductions dans les traitements des directeurs, et des modifications dans l'organisation des autres emplois supérieurs.

Pour les Forêts : d'abord, la mise à la charge du budget des travaux exécutés antérieurement par les adjudicataires, puis l'accroissement du nombre des conservateurs et inspecteurs dans l'intérêt d'une meilleure surveillance, et des améliorations dans la position des gardes généraux, brigadiers et gardes.

Pour les Douanes : la création de nouveaux services par suite de l'établissement d'entrepôts, de salines; le développement des affaires, l'agrandissement des ports de commerce, et des adoucissements à la condition du service actif, qui aujourd'hui ne sont pas à l'abri du besoin et des tentations qui en résultent. Ces adoucissements consistent dans des indemnités pour cherté de résidence, etc., qui se sont élevées en 1846 à 353,000 fr., et dans un supplément de solde, élevé à 600,000 fr. par les votes successifs des budgets de 1846, 1847 et 1848, et qui devait être porté plus haut par des demandes nouvelles dans les budgets subséquents..

Pour les Contributions Indirectes : les frais de perception de l'impôt sur le sucre indigène, 650,000 fr. environ; les remises des débitants et le service de répression de la fraude sur les tabacs, qui en 1829, faisaient partie des dépenses des tabacs; un accroissement de 300,000 fr. dans les avances recouvrables ; des améliorations diverses dans les allocations en faveur des employés inférieurs. D'un autre côté, des économies considérables, plus d'un million, ont été opérées par des diminutions de traitement et des suppressions d'emploi dans les grades supérieurs, et par la réduction des tarifs sur les remises des débitants de tabacs.

Pour les Tabacs : les frais d'achats et de transports, qui se sont élevés de plus de 12 millions; ceux de fabrication, de plus de un million 500,000 fr., et 550,000 fr. de travaux extraordinaires dans des manufactures et des magasins. Ces sommes réunies dépassent l'excédant indiqué au tableau, ce qui s'explique par le transport aux contributions indirectes de la dépense pour remises et répression de la fraude.

Pour les Postes : l'accroissement considérable du nombre des bureaux (1,380 directions en 1829, 2,720 en 1846; 550 distributions à une époque, 843 à l'autre); l'accroissement du nombre des facteurs de ville; la création du service rural, qui emploie un personnel de près de 10,000 facteurs ruraux; les services par entreprise, plus que doublés; les lettres distribuées plusieurs fois par jour dans les localités voisines de Paris et de Lyon, ou desservies par des chemins de fer; le service nouveau des paquebots de la Méditerranée, dont la dépense dépasse 4 millions; enfin 900,000 fr. de dépenses extraordinairesde diverses natures acquittées en 1846, dont 600,000 fr. font partie du prix de la construction de trois paquebots pour le service entre la France et l'Angleterre.

*Remboursements, restitutions, non-valeurs et primes.*

Dépenses de 1829 . . . . . . . . . . . 44,734,000
Dépenses de 1846. . . . . . . . . . . . 77,900,000

Différence en plus. . . . . . 33,169,000

Dans cette augmentation, les produits du plombage, rattachés au budget depuis 1830, entrent pour 1,221,000 fr.; les centimes pour les chemins vicinaux, l'instruction primaire, et les dégrèvements pour démolitions, services nouveaux, entrent pour 13,684,000 fr.;

L'élévation des primes payées à l'exportation, pour 5,342,000 francs.;

Celles des escomptes sur divers droits, pour 1,152,000 fr.

Le reste provient, pour la plus grande partie, de l'accroissement des contributions directes, et, par suite, des restitutions sur ces contributions; plus de 6 millions ont pour objet les impositions extraordinaires volontairement consenties par les communes.

Ici se termine la comparaison entre les opérations de l'exercice

1829 avec celles de l'exercice 1846. Les détails que j'ai donnés auront fait entrer dans tous les esprits la conviction que les modifications dans l'assiette des impôts et dans les tarifs qui ont eu lieu depuis 1830 ont eu pour résultat, dans leur ensemble, une diminution des charges des contribuables, et que les augmentations de dépenses qui n'ont pas été nécessitées par les circonstances de la situation de la France et de sa politique ont eu pour objet des améliorations dans les services dont le public profite directement, et dans la situation de ceux des serviteurs de l'Etat les moins rétribués et les plus dignes de la sollicitude du gouvernement.

Je n'ai pas dû m'occuper, dans mon travail de rapprochement, des dépenses extraordinaires de l'exercice 1846. Pour compléter les renseignements sur cet exercice, le dernier dont la clôture soit antérieure à la chute du dernier gouvernement, je rappellerai que ces dépenses extraordinaires sont divisées en deux catégories, suivant qu'elles sont acquittées avec les ressources créées par la loi du 25 juin 1841 ou par celles qui sont indiquées dans la loi du 11 juin 1841, mais que les unes et les autres ont eu pour objet :

En ce qui concerne les travaux publics : l'achèvement des routes, canaux et ponts ; l'amélioration des rivières et des ports de commerce, l'éclairage des côtes, et l'exécution d'un réseau de chemins de fer conçu dans un système d'ensemble.

En ce qui concerne la guerre : les fortifications de Paris ; la construction de nouvelles places, entre autres Langres et les Rousses ; des additions considérables aux défenses d'un grand nombre d'anciennes places, parmi lesquelles je citerai Lyon, Toulon, le fort Bayard devant Rochefort, Brest, Cherbourg et le Havre ; l'amélioration des défenses des côtes voisines de nos ports militaires ; des travaux considérables dans les bâtiments militaires pour rendre le logement des hommes plus commode et plus sain et diminuer la mortalité des chevaux ; des constructions pour le service de l'artillerie et des poudres.

Enfin, en ce qui concerne la marine : le perfectionnement du casernement dans nos ports, la création d'établissements importants dans celui de Toulon, le curage de ce même port et l'amélioration de celui de Port-Vendres, les grands et utiles ouvrages de Cherbourg, et la reconstitution sur une large échelle des approvisionnements généraux de nos arsenaux.

# ANNEXE N° 4.

*TABLEAU des dépenses extraordinaires ayant pour résultat d'augmenter le capital de l'État, effectuées du 1er août 1830 au 1er janvier 1848, non compris celles qui, quoique ayant le même caractère, font habituellement partie du service courant.*

N° 1. — DÉPENSES ACQUITTÉES SUR LES RESSOURCES ORDINAIRES DES BUDGETS (1).

| DÉSIGNATION DES DÉPENSES. | DÉPENSES constatées. | TOTAUX par exercices. |
|---|---|---|
| **1830.** | fr. | fr. |
| *Intérieur.* | | |
| Travaux publics extraordinaires . . . . | 4,973,000 | |
| *Guerre.* | | |
| Chap. 6. Artillerie. Service extraordinaire. | | |
| Armes portatives . . . . . | 549,000 | |
| Id. Id. Bouches à feu . . . | 357,000 | |
| **1831.** | | 5,879,000 |
| *Travaux publics.* | | |
| Ch. 12. Salle de la chambre des députés. . | 1,016,000 | |
| Ch. 13. Eglise de la Madeleine. . . . . | 595.000 | |
| Ch. 14. Arc de triomphe de l'Etoile . . . | 462,000 | |
| Ch. 15. Monuments de Paris . . . . . | 602,000 | |
| Ch. 16. Maisons centrales de détention . . | 591.000 | |
| Ch. 41. Canaux. Supplément à l'emprunt. | 7,999,000 | |
| Ch. 48. Travaux des routes royales . . . | 166.000 | |
| Ch. 49. Travaux de routes départementales. | 55,000 | |
| *Guerre.* | | |
| Ch. 9. Matériel de l'artill. Service extraord. | 44,455,000 | |
| Ch. 10. Matériel du génie. Id. | 12,349,000 | |
| **1832.** | | 68,090,000 |
| *Travaux publics.* | | |
| Ch. 10. Chambre des députés . . . . . | 670,000 | |
| Ch. 11. Monuments de Paris . . . . . | 900.000 | |
| Ch. 12. Maisons centrales. . . . . . | 650,000 | |
| Ch. 27. Arc-de-Triomphe, Madeleine, etc. | 762,000 | |
| Ch. 34. Supplément pour les canaux. . . | 11,000,000 | |
| Ch. 36. Id. pour les routes royales. | 1,771,000 | |
| Ch. 37. Id. pour les routes départ. | 3,357,000 | |
| A reporter. . . . . | 19,110,000 | 73,969,000 |

(1) Voir les lois de règlements et les comptes des ministres de l'intérieur, des travaux publics et de la guerre, pour les exercices 1830 à 1846, et le compte des finances de l'année 1847 pour les dépenses de la 1re année de l'exercice 1847.

Suite de l'annexe n° 4.

| DÉSIGNATION DES DÉPENSES. | DÉPENSES constatées. | TOTAUX par exercices. |
|---|---|---|
| | fr. | fr. |
| Report. . . . . . . . . | 19,110,000 | 73,969,000 |
| **SUITE DE 1832.** | | |
| *Guerre.* | | |
| Ch. 9. Artillerie. Armes portatives . . . | 7,602,000 | |
| Id. Bouches à feu . . . . | 3,945,000 | |
| Ch. 10. Armement de la garde nationale. . | 8,090,000 | |
| Ch. 11. Fortifications de Lyon, Grenoble et Béfort . . . . . . . . . | 3,716,000 | |
| **1833.** | | 40,463,000 |
| *Travaux publics.* | | |
| Ch. 10. Travaux à entreprendre . . . . | 431,000 | |
| Ch. 16. Chambre des députés . . . . . | 369,000 | |
| Ch. 17. Monuments de Paris . . . . . | 1,278,000 | |
| Ch. 18. Maisons centrales . . . . . . | 579,000 | |
| Ch. 32. Travaux spéciaux de la capitale. . | 801,000 | |
| Ch. 39. Supplément pour les canaux. . . | 16,378,000 | |
| Ch. 40. Routes de l'ouest (nouveaux trav.). | 318,000 | |
| Ch. 42. Routes royales . . . . . . . | 61,000 | |
| Ch. 43. Routes départementale. . . . . | 73,000 | |
| Ch. 47. Routes de l'ouest (continuation). | 193,000 | |
| *Guerre.* | | |
| Ch. 9. Artillerie. Armes portatives . . . | 9,810,000 | |
| Id. Bouches à feu . . . . | 3,875,000 | |
| Ch. 10. Fortifications de Lyon, etc. . . | 2,496,000 | |
| **1834.** | | 36,660,000 |
| *Intérieur.* | | |
| Ch. 6. Établissement de lignes télégraphiq. | 332,000 | |
| Ch. 12. Travaux à entreprendre . . . . | 628,000 | |
| Ch. 17. Maisons centrales . . . . . . | 586,000 | |
| *Guerre.* | | |
| Ch. 13. Artillerie. Armes portatives . . . | 2,688,000 | |
| Id. Bouches à feu . . . . | 439,000 | |
| Ch. 14. Fortifications de Lyon, etc. . . | 1,818,000 | |
| **1835.** | | 6,491,000 |
| *Intérieur.* | | |
| Ch. 8. Établissement de lignes télégraphiq. | 32,000 | |
| Ch. 26. Maisons centrales . . . . . . | 593,000 | |
| Ch. 44. Chambre des députés . . . . . | 156,000 | |
| Ch. 45. Bâtiments de l'Observatoire . . . | 62,000 | |
| Ch. 46. Monuments de Paris . . . . . | 209,000 | |
| A reporter. . . . . . . . | 1,052,000 | 157,583,000 |

Suite de l'annexe n° 4.

| Désignation des dépenses. | Dépenses constatées. | Totaux par exercices. |
|---|---|---|
| | fr. | fr. |
| Report. . . . . . . | 1,052,000 | 157,583,000 |
| **Suite de 1835.** | | |
| *Travaux publics.* | | |
| Ch. 21. Travaux à entreprendre . . . . | [480,000 | |
| Ch. 42. Perfectionnement de la navigation. | 244,000 | |
| *Guerre.* | | |
| Ch. 15. Artillerie. Armes portatives. . | 1,588,000 | |
| Id. Bouches à feu . . . . | 959,000 | |
| Ch. 16. Fortifications de Lyon, etc. . . | 1,984,000 | |
| **1836.** | | 6,307,000 |
| *Intérieur.* | | |
| Ch. 23. Maisons centrales . . . . . | 583,000 | |
| Service extraord. Chambres des pairs . . | 250,000 | |
| Id. Monuments de Paris . . . | 720,000 | |
| Id. Arc de triomphe de l'Étoile. . | 106,000 | |
| Id. Chambre des députés. . . | 28,000 | |
| *Travaux publics.* | | |
| Ch. 15 *bis.* Lacunes des routes royales . . | 2,930,000 | |
| Ch. 18. Travaux à entreprendre . . . | 391,000 | |
| Navigation des rivières (2 chap.). . . . | 3,507,000 | |
| *Guerre.* | | |
| Chap. 16. Artillerie. Armes portatives . . | 228,000 | |
| Id. Bouches à feu . . . | 541,000 | |
| Ch. 17. Fortifications de Lyon, etc. . . | 1,630,000 | |
| **1837.** | | 10,714,000 |
| *Intérieur.* | | |
| Ch. 24 *bis.* Monuments de Paris . . . . | 1,257,000 | |
| Ch. 24 *ter.* Chambre des pairs . . . . | 580,000 | |
| Ch. 25. Maisons centrales . . . . . . | 441,000 | |
| Service extraord. Chambre des députés. . | 48,000 | |
| *Travaux publics.* | | |
| Ch. 17 *bis.* Lacunes des routes royales . . | 4,932.000 | |
| Ch. 20. Travaux à entreprendre . . . . | 250,000 | |
| Ch. 22. Navigation des rivières. . . . . | 1,155,000 | |
| » Acquisition d'un hôtel des mines. | 435,000 | |
| *Guerre.* | | |
| Ch. 18. Artillerie. Bouches à feu. . . . | 156,000 | |
| Ch. 19. Fortifications de Lyon, etc. . . . | 1,475,000 | |
| | | 10,509,000 |
| A reporter. . . . . . | | 185,113,000 |

SUITE DE L'ANNEXE N° 4.

| DÉSIGNATION DES DÉPENSES. | DÉPENSES constatées. | TOTAUX par exercices. |
|---|---|---|
| | fr. | fr. |
| Report. . . . . . . . | 10,509,000 | 185,113,000 |
| **1838.** | | |
| *Intérieur.* | | |
| Ch. 11 *bis.* Chambre des pairs. . . . . . | 659,000 | |
| Ch. 11 *ter.* Monuments de Paris . . . . . | 959,000 | |
| Ch. 12. Maisons centrales . . . . . . . | 407,000 | |
| Ch. 36. Monuments publics. . . . . . . | 1,515,000 | |
| *Travaux publics.* | | |
| Ch. 21. Navigation des rivières. . . . . | 112,000 | |
| *Guerre.* | | |
| Ch 18. Artillerie. Bouches à feu. . . . | 246,000 | |
| Ch. 19. Fortifications de Lyon, etc. . . . | 1,350,000 | |
| **1839.** | | 5,248,000 |
| *Travaux publics.* | | |
| Ch. 39. Monuments publics. . . . . . . | 3,087,000 | |
| Ch. 40. Chambre des Pairs . . . . . . . | 1,044,000 | |
| Ch. 41. Monuments de Paris . . . . . . | 410,000 | |
| Ch. 43-44. Monument de Juillet . . . . | 93,000 | |
| *Guerre.* | | |
| Ch. 18. Artillerie. Bouches à feu . . . . | 170,000 | |
| Ch. 19. Fortifications de Lyon, etc. . . . | 1,587,000 | |
| **1840.** | | 6,191,000 |
| *Intérieur.* | | |
| Ch. 30. Palais-de-Justice de Paris (1) . . | 500,000 | |
| Ch. 39. Monument de Molière. . . . . . | 100,000 | |
| Ch. 40. Chambre des pairs. . . . . . . | 200,000 | |
| *Travaux publics.* | | |
| Ch. 18. Monuments publics. . . . . . . | 2,824,000 | |
| Ch. 18 *bis.* Chambre des Pairs . . . . | 303,000 | |
| Ch. 18 *ter.* Monuments de Paris . . . . | 325,000 | |
| Ch. 22-23. Monument de Juillet . . . . | 194,000 | |
| Ch. 26. Édifices publics . . . . . . . | 497,000 | |
| Ch. 27. Fortifications de Paris. . . . . | 2,978,000 | |
| Ch. 28. Chambre des Pairs . . . . . . | 60.000 | |
| Ch. 31. Phares et fanaux. . . . . . . | 97,000 | |
| A reporter. . . . . . | 7,278,000 | 196,552,000 |

(1) Cette dépense, quoique votée par une loi spéciale, a été, pour l'exercice 1840, comprise dans le chapitre relatif aux travaux annuels des bâtiments des cours royales. Dans les comptes des exercices suivants, elle forme un chapitre spécial. L'allocation pour 1840 a dû, comme les suivantes, être portée dans ce tableau.

SUITE DE L'ANNEXE N° 4.

| DÉSIGNATION DES DÉPENSES. | DÉPENSES constatées. | TOTAUX par exercices. |
|---|---|---|
| | fr. | fr. |
| Report. . . . . . . | 7,278,000 | 196,552,000 |
| **SUITE DE 1840.** | | |
| *Guerre.* | | |
| Ch. 18. Artillerie. Bouches à feu . . . . | 218,000 | |
| Ch. 19. Fortifications de Lyon, etc.. . . | 1,075,000 | |
| Id.   Travaux extraordinaires . . . . | 11,904,000 | |
| | | 21,275,000 |
| **1841.** | | |
| *Intérieur.* | | |
| Ch. 32 *bis*. Palais-de-Justice de Paris. . . | 500,000 | |
| Ch. 40. Chambre des pairs . . . . . . | 202,000 | |
| Ch. 41. Tombeau de Napoléon. . . . . | 2,000 | |
| Ch. 43. Colonne de Boulogne . . . . . | 28,000 | |
| *Travaux publics.* | | |
| Ch. 18 *bis*. Chambre des pairs . . . . . | 432,000 | |
| Ch. 18 *ter*. Monuments de Paris . . . . | 93,000 | |
| Ch. 19-19 *bis*. Edifices publics. . . . . | 2,651,000 | |
| Ch. 29. Ecole Normale . . . . . . | 204,000 | |
| *Guerre.* | | |
| Ch. 20. Artillerie. Armes portatives . . . | 4,635,000 | |
| Id.     Bouches à feu . . . . | 5,000,000 | |
| Ch. 23. Fortifications de Paris. . . . . | 18,177,000 | |
| Id.  Id.  de Lyon, Grenoble et Béfort. | 1,166,000 | |
| | | 53,068,000 |
| **1842.** | | |
| *Intérieur.* | | |
| Ch. 32. Palais-de-Justice de Paris. . . . | 500,000 | |
| Ch. 41. Chambre des pairs . . . . . . | 133,000 | |
| Ch. 42. Tombeau de Napoléon. . . . . | 24,000 | |
| *Travaux publics.* | | |
| Travaux extraordinaires (1). . . . . . | 18,268,000 | |
| Ch. 18 *bis*. Monuments de Paris . . . . | 200,000 | |
| Ch. 18 *ter*. Chambre des pairs. . . . . | 48,000 | |
| Ch. 19-19 *ter*. Edifices publics. . . . . | 971,000 | |
| Ch. 19 *quater*. Ecole Normale. . . . . | 166,000 | |
| A reporter. . . . . . . | 20,310,000 | 250,895,000 |

(1) Imputation sur le budget ordinaire des crédits restés disponibles, pour travaux publics, lors de l'abrogation de la loi du 17 mai 1837, et pour les fortifications de Paris, à la clôture de l'exercice 1841. (Voir les comptes des finances de 1843, p. 196 et 575, et de 1844, p. 196 et 353).

Suite de l'annexe n° 4.

| Désignation des dépenses. | Dépenses constatées. | Totaux par exercices. |
|---|---|---|
| | fr. | fr. |
| Report. . . . . . . . | 20,310,000 | 250,895,000 |
| **Suite de 1842.** | | |
| *Guerre.* | | |
| Travaux extraordinaires (1). . . . . . | 24,418,000 | |
| Ch. 20. Artillerie. Bouches à feu . . . . | 135,000 | |
| Id. Transformation des armes à silex. | 1,597,000 | |
| **1843.** | | 46,460,000 |
| *Intérieur.* | | |
| Ch. 33. Palais-de-Justice de Paris. . . . | 500,000 | |
| Ch. 39. Id. de Rouen . . . | 224,000 | |
| Ch 40. Acquisition du Palais-Bourbon. . | 5,047,000 | |
| Ch. 41. Tombeau de Napoléon. . . . . | 98,000 | |
| Ch. 43. Acquisition de l'hôtel Cluny, etc. . | 600,000 | |
| Ch. 46. Chambre des pairs . . . . . . | 137,000 | |
| *Travaux publics.* | | |
| Ch. 10 *bis.* Reconstruction de ponts. . . | 142,000 | |
| Ch. 19-19 *ter.* Edifices publics. . . . . | 852,000 | |
| Ch. 19 *bis.* Ecole Normale . . . . . . | 277,000 | |
| *Guerre.* | | |
| Travaux extraordinaires (2). . . . . . | 1,562,000 | |
| Ch. 21 *bis.* Transformation des armes à silex. | 1,720.000 | |
| Travaux extraordinaires (2). . . . . . | 54,000 | |
| **1844.** | | 11,213,000 |
| *Intérieur.* | | |
| Ch. 34. Palais-de-Justice de Rouen. . . . | 224,000 | |
| Ch. 41. Travaux des Petits-Pères. . . . | 460,000 | |
| Ch. 43. Tombeau de Napoléon. . . . . | 168,000 | |
| Ch. 44. Télégraphe électrique . . . . . | 165,000 | |
| *Travaux publics.* | | |
| Ch. 10 *bis.* Reconstruction de ponts . . . | 1,568,000 | |
| Ch. 19-19 *ter.* Edifices publics. . . . . | 385,000 | |
| Ch. 19 *bis.* Ecole Normale . . . . . . | 310,000 | |
| Ch. 29. Abords du Panthéon . . . . . | 141,000 | |
| *Guerre.* | | |
| Ch. 21. Artillerie. Bouches à feu . . . . | 415,000 | |
| Ch. 21 *bis.* Transformation des armes à silex. | 885,000 | |
| | | 4,751,000 |
| A reporter. . . . . . . . | | 313,319,000 |

(1-2) Voir la note de la page précédente.

Suite de l'annexe n° 4.

| DÉSIGNATION DES DÉPENSES. | DÉPENSES constatées. | TOTAUX par exercices. |
|---|---|---|
| | fr. | fr. |
| Report. . . . . . . | | 513,319,000 |
| **1845.** | | |
| *Intérieur.* | | |
| Ch. 33. Palais-de-Justice de Rouen . . . | 224,000 | |
| Ch. 39. Tombeau de Napoléon . . . . . | 740,000 | |
| Ch. 41. Télégraphie électrique. . . . . | 69,000 | |
| Ch. 42. Achèvement de trois monuments. | 68,000 | |
| *Travaux publics.* | | |
| Ch. 12. Reconstruction de ponts . . . . | 989,000 | |
| Ch. 21 *bis.* Chambre des députés . . . . | 14,000 | |
| Ch. 22. Ecole Normale . . . . . . . | 478,000 | |
| Ch. 23. Edifices publics . . . . . . . | 187,000 | |
| Ch. 29. Abords du Panthéon . . . . . | 209,000 | |
| Ch. 30. Appropriation du Palais-Bourbon. | 184,000 | |
| Ch. 31–32. Edifices publics . . . . . . | 1,077,000 | |
| Ch. 33. Chambre des députés . . . . . | 59,000 | |
| *Guerre.* | | |
| Ch. 21. Artillerie. Bouches à feu . . . . | 582,000 | |
| Id.    Id.    Transform. d'armes à silex. | 245,000 | |
| | | 5,105,000 |
| **1846.** | | |
| *Intérieur.* | | |
| Ch. 36. Palais-de-Justice de Rouen . . . | 69,000 | |
| Ch. 42. Tombeau de Napoléon. . . . . | 480,000 | |
| Ch. 45. Achèvement de trois monuments. | 550,000 | |
| Ch. 48-50. Lignes télégraphiques . . . . | 195,000 | |
| *Travaux publics.* | | |
| Ch. 11 *bis.* Reconstruction de ponts. . . | 590,000 | |
| Ch. 14 *bis.* Rachat du havre de Courseuille. | 300,000 | |
| Ch. 27-39. Ecole Normale . . . . . . | 409,000 | |
| Ch. 25-40. Chambre des députés . . . . | 225,000 | |
| Ch. 21-28-29-32. Edifices publics . . . . | 1,461,000 | |
| Ch. 30. Abords du Panthéon . . . . . | 56,000 | |
| Ch. 36. Travaux de routes royales . . . | 404,000 | |
| Ch. 38-41. Chambre des pairs . . . . . | 28,000 | |
| *Guerre.* | | |
| Ch. 21. Artillerie. Bouches à feu. . . . | 762,000 | |
| Id.    Armes à silex . . . . | 343,000 | |
| | | 5,850,000 |
| A reporter. . . . . | | 324,274,000 |

SUITE DE L'ANNEXE N° 4.

| DÉSIGNATION DES DÉPENSES. | DÉPENSES constatées. | TOTAUX par exercices. |
|---|---|---|
| | fr. | fr. |
| Report. . . . . . . | | 524,274,000 |
| **1847.** | | |
| *Intérieur.* | | |
| Ch. 42. Tombeau de Napoléon. . . . . | 386,000 | |
| Ch. 45. Achèvement de trois monuments. | 505,000 | |
| Ch. 46. Lignes télégraphiques . . . . . | 170,000 | |
| *Travaux publics.* | | |
| Ch. 11 *bis*. Reconstruction de ponts. . . | 570,000 | |
| Ch. 21-27-50. Edifices publics . . . . . | 697,000 | |
| Ch. 31-56. Travaux de routes royales . . | 1,155,000 | |
| Ch. 22. Chambre des députés . . . . . | 228,000 | |
| Ch. 28. Abords du Panthéon . . . . . | 4,000 | |
| Ch. 29. Ecole Normale . . . . . . . | 148,000 | |
| | | 3,861,000 |
| Totaux. . . . . . . | | 528,135,000 |

N° 2. — DÉPENSES ACQUITTÉES SUR LES RESSOURCES EXTRAORDINAIRES ET PORTÉES DANS DES BUDGETS SPÉCIAUX.

| | DÉPENSES constatées. | TOTAUX par exercices. |
|---|---|---|
| 1° Budget annexe des travaux publics. (Lois des 27 juin 1833 et 3 juin 1834. — Voir le compte des finances de 1840, p. 391.) | 95,852,000 | |
| 2° Budget extraordinaire créé par la loi du 17 mai 1837. (Voir le compte des finances de 1843, p. 369 et suivantes (1). . . . | 223,624,000 | |
| 3° Travaux régis par la loi du 25 juin 1841, à acquitter avec le produit d'un emprunt. (Voir le compte des finances de 1847, p. 364.). . . . . . . . . . | 404,607,000 | |
| 4° Travaux régis par la loi du 11 juin 1842, à acquitter avec le produit des réserves de l'amortissement et d'emprunts. (Mêmes compte et page.). . . . . . . . . | 412,197,000 | |
| | | 1,136,280,000 |
| Total. . . . . . . . | | 1,464,415,000 |

(1) La situation prospère des budgets des exercices 1837 et 1838 a permis d'imputer plus du tiers de cette dépense sur les ressources ordinaires de ces budgets; savoir, en 1837, 6,848,000, en 1838, 56,305,000; total, 43,153,000. Me sera-t-il permis de rappeler que ces deux exercices appartiennent à ma première administration?

# ANNEXE N° 5.

**DETTE PUBLIQUE ANTÉRIEUREMENT AU 30 JUILLET 1830.**

Les rentes 5 pour 100 inscrites au grand livre, après la réduction des deux tiers prononcée par la loi du 24 frimaire an 6, s'élevaient à 40,216,000 fr., représentant un capital de 800,432,000 fr. Les trois quarts environ de cette somme provenaient de l'ancienne dette publique antérieure à 1789 et des rentes inscrites pour remboursement des offices. L'autre quart avait pour origine des dettes contractées par la République.

La dette s'accrut jusqu'en l'an 9 de 6,086,000 fr. inscrits pour les pays réunis à la France, et de 10,254,000 fr. pour créances arriérées de 1793 à l'an 9. Elle s'élevait au commencement de l'empire à 56,556,000 fr.

Il ne fut inscrit, pendant la durée de ce gouvernement, que 6,751,637 fr. de rentes, ce qui porte le total des rentes inscrites, au 1er avril 1814, à 63,307,637 fr. (1). Mais à l'Empire appartiennent encore les rentes inscrites plus tard pour remboursement des biens des communes vendus en 1813, de l'arriéré antérieur et postérieur à 1810, et des reconnaissances de liquidation, représentant environ 34 millions, et il partage avec la Restauration la responsabilité des 95,800,000 fr. de rentes inscrites pour pourvoir aux charges imposées par les traités de 1814, 1815 et 1818, et aux dépenses des exercices 1816, 1817 et suivants.

1,500,000 fr inscrits pour les dettes de Louis XVIII, 4 milions pour les dépenses de la guerre d'Espagne en 1823, 26 millions de 3 pour 100 pour l'indemnité des émigrés, et un capital de 60 millions, versé avant la révolution de juillet 1830, sur l'emprunt négocié au commencement de cette année, concernent exclusivement la Restauration

D'un autre côté, pendant la durée de ce gouvernement, l'intérêt de la dette avait été réduit de 6,230,000 fr., par suite de la conversion des rentes 5 pour 100 en 3 pour 100 et 4 1|2 pour 100 ; 16 millions de rentes 3 pour 100 rachetés par la caisse d'amortissement avaient été annulés; cette caisse possédait 37 millions de rentes 5 pour 100, et 722,000 fr. de rentes 3 pour 100. Il est

---

(1) Compte des finances de l'année 1832, pages 672 et suivantes.

vrai que ces rentes n'avaient pas été toutes achetées avec les ressources de la dotation de la Caisse. Elle a reçu, pour prix de la vente de 150,000 hectares de bois autorisée par la loi du 25 mars 1817, 83,465,000 fr. Il a été aussi racheté sous la restauration 4,660,000 fr. de rentes 5 pour 100, avec le produit de la vente des biens de l'ancien domaine extraordinaire. Ces deux opérations ont atténué le capital nominal de la dette de plus de 200 millions; mais, en même temps, il y a eu diminution du capital immobilier de l'Etat. Elles ne constituent pas une économie, mais une simple conversion de valeurs.

C'est également sous la restauration qu'ont été contractés les emprunts spéciaux destinés à fournir des fonds pour la construction de ponts et de canaux.

La partie de la dette publique provenant des cautionnements versés au trésor remonte à l'époque antérieure au 1er avril 1814 pour une somme de 153 millions, et à la restauration pour une somme de 65 millions, dont les budgets de 1816 et de 1820 ont profité à titre de ressources extraordinaires, en vertu des lois des 28 avril 1816 et 23 juillet 1820. Le surplus provient des créations ou suppressions d'emplois et des modifications dans le taux des cautionnements qui ont eu lieu depuis 1816, et des compensations dans les mouvements annuels de versements et de remboursements.

Quant à la dette flottante, les découverts antérieurs au 1er avril 1814 y entrent pour 87,438,000 fr., et ceux de 1815 à 1830 pour 143,300,000 fr.

Je donne dans le tableau ci-après le montant de la dette publique de toute nature au 31 juillet 1830. J'ai deux observations à faire sur ce tableau.

La première est relative aux rentes 4 p. 100. D'après le compte des finances de 1847 (page 454), les rentes inscrites au 31 juillet 1830 montaient à 3,125,219 fr., représentant un capital nominal de 78,130,250 fr. Je ne porte que 60 millions, parce que c'est, en effet, cette somme seulement qui avait été versée à cette époque, sur le montant de l'emprunt. Le gouvernement de juillet ayant reçu le surplus, c'est sur lui que retombe la portion de la dette que s'y applique. On voit que j'opère ici comme j'ai soutenu qu'on devait le faire pour le dernier emprunt.

La deuxime observation concerne la rente 3 pour 100. Le compte des finances de 1847 en réduit le chiffre au 31 juillet 1830 à

31,501,934 fr. Procédant autrement qu'il ne l'a fait pour la rente 4 pour 100, il ne prend pas l'inscription générale existant au 31 juillet 1830 pour l'indemnité des émigrés, mais seulement les inscriptions partielles prises au nom des parties. Je ne devais pas adopter cette manière d'opérer. A la restauration appartient la mesure de la création de rentes pour indemniser les propriétaires de biens dépossédés. La portion de la dette publique résultant de cette création doit rester tout entière à sa charge, que les inscriptions aient eu lieu avant ou après la chute de ce gouvernement. C'est d'après ce principe qu'est dressé le tableau, conforme d'ailleurs en ce point aux chiffres que fournit le compte des finances de 1830 même.

*Dette publique au 31 juillet 1830.*

| Désignation des sommes. | Rentes. | Capital nominal. |
|---|---|---|
| 1° Dette consolidée (compte des fin. de 1830, p. 316 à 325): | fr. | fr. |
| *5 pour* 100. | | |
| Inscriptions au 31 juillet (compte des finances de 1847, p. 454) . . . . . . . . . . . . . | 163,762,368 | |
| Rachats de la caisse d'amortissement audit jour. | 37,076,572 | |
| Reste . . . . . . . . . | 126,685,796 | 2,523,715,929 |
| *4 et demi pour* 100. | | |
| Inscriptions . . . . . . . . . . . . . . | 1,027,696 | 22,837,688 |
| *4 pour* 100. | | |
| Versements effectués avant le 51 juillet . . . . | . . . . | 60,900,000 |
| *3 pour* 100. | | |
| Total des inscriptions au 1er janvier 1830. . | 39,810,144 | |
| A déduire rentes rachetées et non annulées. { Avant le 21 juin 1825 . . . . 433,097 / Du 9 juin au 51 juillet 1830 . . 288,938 } | 722,035 | |
| | 38,088,109 | |
| A déduire en outre, pour annulations, sur la rente de 30 millions de l'indemnité ( compte des finances de 1847, p. 444). . . . . . . | 4.004,690 | |
| Reste définitif. . . . . . . | 34,083,419 | 1,136,113,968 |
| Total de la dette consolidée. . . . . . | | 3,742,667,575 |
| 2° Emprunts pour ponts et canaux . . . . . . . . . . . . . . | | 126,825,000 |
| 3° Capitaux de cautionnements. . . . . . . . . . . . . . | | 232,000,000 |
| 4° Dette flottante du trésor . . . . . . . . . . . . . | | 273,756,348 |
| Total général. . . . . . . . . | | 4,585,249,923 |

# ANNEXE N° 6.

TABLEAU DES CHEMINS DE FER EN EXPLOITATION ET EN CONSTRUCTION

| Désignatioe des lignes. | Année de l'ouverture. | Longueur en kilomètrès. |
|---|---|---|
| **CHEMINS DE FER EN EXPLOITATION AU 1er JANVIER 1841.** | | |
| De Saint-Étienne à Andrezieux. | 1828 | 22 |
| De Saint-Étienne à Lyon. | 1833 | 56 |
| D'Andrezieux à Roanne. | 1833 | 67 |
| D'Épinac au canal de Bourgogne. | 1835 | 28 |
| De Paris à Saint-Germain. | 1837 | 19 |
| D'Abscour à Denain. | 1838 | 6 |
| D'Anzin et Saint-Waast à Denain. | 1838 | 10 |
| De Montbrison à Montroux. | 1839 | 16 |
| De Villers-Cotterets au Port aux Perches. | 1839 | 9 |
| De Montpellier à Dette. | 1859 | 27 |
| De Paris à Versailles (rive droite). | 1839 | 18 |
| De Mulhouse à Thann. | 1839 | 19 |
| D'Alais à Nîmes et à Beaucaire. | 1840 | 70 |
| De la Grand'-Combe à Alais. | 1840 | 18 |
| De Paris à Versailles (rive gauche). | 1840 | 17 |
| Du Creusot au Canal du centre. | 1840 | 10 |
| | | 412 |
| **CHEMINS DE FER EN EXPLOITATION DEPUIS 1841.** | | |
| *1re Catégorie, chemins en construction au 1er janvier 1841.* | | |
| Des Carrières du Long-Rocher au canal du Loing. | 1841 | 5 |
| De Bordeaux à la Teste. | 1841 | 52 |
| De Strasbourg à Bâle. | 1843 | 140 |
| De Paris à Orléans et Corbeil. | 1843 | 133 |
| De Paris à Rouen. | 1843 | 128 |
| | | 456 |
| *2e Catégorie, chemins commencés depuis le 1er janvier 1841.* | | |
| De Decize au canal du Nivernais. | 1844 | 7 |
| De Montpellier à Nîmes. | 1845 | 52 |
| De Paris à Sceaux. | 1846 | 11 |
| D'Orléans à Bordeaux (partie d'Orléans à Tours). | 1846 | 115 |
| De Montrambert au chemin de fer de Saint-Étienne. | 1846 | 9 |
| De Commentry à Montluçon. | 1846 | 15 |
| De Paris à la frontière de Belgique. | 1846 | 336 |
| De Rouen au Havre. | 1847 | 95 |
| D'Orléans au centre (jusqu'à Bourges et Châteauroux). | 1847 | 168 |
| De Creil à Compiègne. | 1847 | 33 |
| De Marseille à Avignon. | 1848 | 125 |
| D'Amiens à Boulogne. | 1848 | 124 |
| De Montereau à Troyes. | 1848 | 101 |
| | | 1191 |

### RÉCAPITULATION DES CHEMINS EN EXPLOITATION.

En exploitation avant le 1ᵉʳ janvier 1841. . . .  412 kilom.

En exploitation depuis le 1ᵉʳ janvier 1841 :

Première catégorie . . . . . . . . . . .  456

Deuxième catégorie . . . . . . . . . . .  1,191

Total. . . . . . . .  2,059

*Chemins de fer en construction.*

D'Orléans à Bordeaux, à partir de Tours. . . .  348 kilom.

D'Orléans au centre, à partir de Bourges. . . .  59

De la frontière belge à Vireux . . . . . . .  2

De Lille à Calais et Dunkerque. . . . . . .  142

De Compiègne à Saint-Quentin. . . . . . .  69

De Paris à Lyon. . . . . . . . . . . .  515

De Paris à Strasbourg. . . . . . . . . .  669

De Tours à Nantes. . . . . . . . . . .  195

De Dieppe et Fécamp. . . . . . . . . .  71

De Versailles à Chartres . . . . . . . . .  74

2,144 kilom.

Nota. Dans le chiffre des crédits généraux ouverts sur les ressources indiquées par la loi du 11 juin 1842, indiqué à la page 32, et qui se monte à 1,109.218,000 fr., se trouvent comprises, indépendamment des crédits afférents à la plupart des chemins en construction, les sommes suivantes, concernant des chemins dont les travaux ne sont pas commencés.

40,000,000 fr. pour le chemin de Chartres à Rennes.

15,000,000 fr. de subvention pour celui de Bordeaux à Cette.

4,000,000 fr. pour celui de Saint-Dizier à Gray.

———

69,000,000 fr.

Et en outre, sur 87,500,000 fr. affectés au chemin de Vierzon à Limoges et à Clermont, la portion afférente aux chemins de Châteauroux à Limoges et de Bourges à Clermont. C'est plus de 100 millions sur les 526 millions d'engagements provenant des travaux projetés, à l'égard desquels il y a une entière liberté d'action.

FIN.